FRITZ HIEBER/OLIVER SIEVERING

Öffentliche Betriebswirtschaftslehre und Public Management

Fritz Hieber/Oliver Sievering

Öffentliche Betriebswirtschaftslehre und Public Management

Managementsysteme für die öffentliche Verwaltung dargestellt am Beispiel der Objekte „Stuttgart 21", „Berliner Flughafen (BER)" und „Elbphilharmonie"

8., überarbeitete Auflage

Edition Wissenschaft & Praxis

Bibliografische Information der Deutschen Nationalbibliothek

Die Deutsche Nationalbibliothek verzeichnet diese Publikation in
der Deutschen Nationalbibliografie; detaillierte bibliografische Daten
sind im Internet über http://dnb.d-nb.de abrufbar.

Umschlagbild: © Imaging L – stock.adobe.com

Alle Rechte vorbehalten
© 2022 Edition Wissenschaft & Praxis
bei Duncker & Humblot GmbH, Berlin
Satz: 3w+p GmbH, Rimpar
Druck: CPI buchbücher.de GmbH, Birkach
Printed in Germany

ISBN 978-3-89673-773-1 (Print)
ISBN 978-3-89644-773-9 (E-Book)

Gedruckt auf alterungsbeständigem (säurefreiem) Papier
entsprechend ISO 9706 ∞

Internet: http://www.duncker-humblot.de

Vorwort zur 8. Auflage

„Zu viel Papierkram in der Landesverwaltung", das war der Titel einer kritischen Analyse von Renate Allgöwer in der Stuttgarter Zeitung Nr. 145 vom 28.06.2021, S. 1 – dargestellt am Beispiel des Landes Baden-Württemberg (BW).

Durch Digitalisierung und Pragmatismus könnten in der Landesverwaltung BW alleine bis zu 500 Millionen Euro in den kommenden fünf Jahren eingespart werden. Die Landesregierung braucht einen Masterplan, durch den 500 Millionen Bürokratiekosten abgebaut werden sollen.

Meister-Scheufelen fordert „einen konkreten Masterplan. Es werde zu wenig vernetzt, nutzerzentriert, transparent, digital und partizipativ gedacht und gehandelt. ..." Sie regt an, dass angehende Verwaltungsexperten bereits im Studium ein ‚neues Verwaltungsleitbild' vermittelt bekommen. Die Digitalisierung betrachtet die Chefin des Normenkontrollrats als entscheidendes Mittel zum Bürokratieabbau. „Noch ist in der Verwaltung vor allem analoges Denken verbreitet. Immer wieder werde in Verwaltungsvorschriften verlangt, dass Anträge bei Behörden in Papierform eingereicht werden müssten."

Im Handelsblatt Nr. 152 vom 10.08.2021 S.10 f. kommen Delhaes und Neuerer zum gleichen Ergebnis:

„Der mühsame Weg zur digitalen Verwaltung – die Verwaltung macht kaum Fortschritte ..."

Der Dauerbrenner Digitalisierung gehört zwar seit 12 Jahren in jeden Koalitionsvertrag, doch die Ergebnisse bleiben überschaubar. Die Digitalisierung der öffentlichen Verwaltung verschlingt Milliarden allein durch die Konsolidierung der IT, unterschiedliche Datensysteme und Ressorteitelkeiten.

Die vorliegende „Neuauflage" löst das mit sieben Auflagen erfolgreiche Standardwerk „Öffentliche Betriebswirtschaftslehre" ab, das bereits 1995 auf den Markt kam. Anlass für diese Veröffentlichung war damals der KGSt-Bericht 05/1995, in dem das „Neue Steuerungsmodell (Gründe, Konturen, Umsetzung)" vorgestellt wurde.

Dabei war allerdings bei der Erstellung dieses Werkes von Anfang an zu beachten, dass auch die *Reform in der öffentlichen Verwaltung,* wie die der Unternehmensführung in der privaten Wirtschaft, eine *strategische und operative Dimension* hat. Während im operativen Bereich der betriebswirtschaftlichen Steuerung z.B. durch Kostenrechnung und Finanzbuchhaltung deutliche Reformfortschritte im *öffentlichen Sektor* erreicht wurden, liegt die Schwachstelle der Verwaltungsreform bis heute in ihrer immer noch unzureichenden strategischen Ausrichtung. Dadurch besteht in der öffentlichen Verwaltung bis heute die Gefahr, dass die Verwaltungsreform und damit der gesamte integrative Prozess ins Stocken geraten.

Ferner wird die Verwaltungsreform auch durch schwankende Finanzsituationen der Gebietskörperschaften begrenzt. Die in der Praxis oft zu hörende Auffassung „Wir haben keine Zeit für Strategie" kann sich verhängnisvoll auswirken.

Die strategische Komponente ist unabdingbar, will man die vielfältigen operativen Ansätze in einem sinnvollen System verknüpfen.

Der Leitgedanke muss sein:

„Vom bloßen Instrumenteneinsatz zur einer strategischen Gesamtsteuerung".

Geeignete Instrumente für die Bewältigung dieser strategischen Anforderungen sind vorhanden z. B. Balanced Scorecard, Benchmarking, Qualitätsmanagement u. a.

Die jetzt vorliegende 8. Auflage ist überarbeitet und berücksichtigt die neuesten Ansätze des Public Management für eine ergebnisorientierte Verwaltungssteuerung.

Das Buch wird außerdem abgerundet durch einen neuen zweiten Teil:

„Öffentliche Investitionen – Probleme, Risiken und Chancen"
(von Prof. Dr. Oliver Sievering)

Dieses Thema ist immer wichtiger geworden, angesichts zunehmender Probleme bei der Ergebnisorientierung von Großprojekten der öffentlichen Hand wie u. a. „Stuttgart 21", „BER" oder „Elbphilharmonie Hamburg".

Die Verfasser hoffen nun, dass dieses Buch neben dem Kundenkreis der Studierenden aus dem Hochschulbereich auch den Entscheidungsträgern in den öffentlichen Verwaltungen und öffentlichen Betrieben den geeigneten Überblick über die monokausalen und interdisziplinären Steuerungselemente der Verwaltungsreform bietet.

Für ein eigenständiges „Training" der Leser werden im vorliegenden Buch, Teil B, auch Übungsfälle zur Verfügung gestellt.

Für Anregungen und eine kritische Begleitung dieses Buches sind wir den Lesern stets dankbar.

Unser Dank gehört in diesem Zusammenhang Frau Lisa Wötzel, die uns vom Verlag her unterstützt hat sowie Frau Emilie Ammann für ihren IT-Support.

Ludwigsburg, im Frühjahr 2022 *Prof. Dr. Fritz Hieber*
Prof. Dr. Oliver Sievering

Vorwort zur 1. Auflage

Öffentliche Verwaltung und öffentliche Betriebe werden immer stärker durch Märkte beeinflusst. Zudem lassen sich die öffentlichen Finanzprobleme nur mit dem Einsatz betriebswirtschaftlicher Konzepte lindern.

Das vorliegende Buch befasst sich mit der Anwendung der grundlegenden Zusammenhänge der Allgemeinen Betriebswirtschaftslehre auf die besonderen Aspekte der öffentlichen Verwaltung und öffentlicher Betriebe. Diese Besondere Betriebswirtschaftslehre wird als Öffentliche Betriebswirtschaftslehre bezeichnet.

Dieses Buch stellt die Grundlagen für das strategische und operative Verwaltungsmanagement dar. Es werden wichtige betriebswirtschaftliche Konzepte und Instrumente für Entscheidungen im Verwaltungsmanagement vorgestellt.

Der Inhalt des Buches entstand bereits 1995 aus entsprechenden Vorlesungen und Seminaren an der Hochschule für öffentliche Verwaltung Ludwigsburg, der Hochschule der Sächsischen Verwaltung Meißen, der Pädagogischen Hochschule Ludwigsburg, der Dualen Hochschule Stuttgart sowie aus einer mehrjährigen Praxiserfahrung im Management der Privatwirtschaft.

Zielgruppen dieses Buches sind die Studierenden an den Hochschulen/Universitäten, das Management in öffentlichen Verwaltungen und Betrieben sowie alle Interessierten, die sich einen Überblick über betriebswirtschaftliche Zusammenhänge im Sinne einer Entscheidungshilfe verschaffen wollen.

Gerlingen, im Januar 1995 *Fritz Hieber*

Inhaltsverzeichnis

Teil A: Öffentliche Betriebswirtschaftslehre und Public Management
von Fritz Hieber

I. Entscheidungen in der Wirtschaft – der strukturelle Ansatz 20

   1. Inhalt der Betriebswirtschaftslehre 21

   2. Interdisziplinäre Orientierung der Betriebswirtschaftslehre 24

   3. Einordnung der Öffentlichen Betriebswirtschaftslehre in die Allgemeine Betriebswirtschaftslehre 24

   4. Aufgaben der Betriebswirtschaftslehre 25

   5. Historische Entwicklung der Betriebswirtschaftslehre 27

II. Öffentliche Verwaltung und öffentliche Betriebe als Gegenstand der Betriebswirtschaftslehre 28

   1. Bestimmungsfaktoren des Betriebes 28

   2. Marktsteuerung als Differenzierungselement 29

   3. Besonderheiten des öffentlichen Verwaltungsbetriebes 30

III. Ressourceneinsatz und Zielerreichung 31

   1. Grundlagen des Wirtschaftens 31

   2. Erfolgsmaßstäbe des Wirtschaftens 33

IV. Betriebswirtschaftliche Analyse einer Verwaltungsorganisation 37

V. Betrieb und Umfeld 39

VI. Betriebstypologie 41

   1. Zielkonzeptionen 41

   2. Rechtsformen 41

Inhaltsverzeichnis

    3. Standortfaktoren 46

VII. Zielsystem 49

    1. Überblick 49

    2. Zielentstehung 49

    3. Zieldimensionen 50

    4. Zielbeziehungen 51

VIII. Managementsysteme 52

    1. Begriff und Merkmale des Managements 53

    2. Strategisches und operatives Management 53

    3. Entwicklung zur Verwaltungsreform 54

    4. Controlling 60

    5. Strategisches System: Balanced Scorecard 63

    6. Strategische Instrumente 65

IX. Betriebliche Leistungsprozesse 70

    1. Überblick: Leistungsprozess und Wertschöpfungskette 70

    2. Beschaffung 71

    3. Produktion und Kostenkategorien 72

    4. Absatz und Marketing 79

X. Finanzprozesse 95

XI. Betriebswirtschaftliches Rechnungswesen in der öffentlichen Verwaltung 102

Teil B: Öffentliche Investitionen – dargestellt am Beispiel der Projekte „Stuttgart 21", „BER" und „Elbphilharmonie"
von Oliver Sievering

XII. Investitionsrechnung 108

    1. Bedeutung der Investitionen 108

2. Gründe für Investitionsplanung 108

3. Investitionsbegriffe 110

4. Planungsprozess 112

XIII. Statische Verfahren 115

1. Kostenvergleichsrechnung 115

2. Gewinnvergleichsrechnung 125

3. Rentabilitätsrechnung 127

4. Statische Amortisationsrechnung 129

XIV. Dynamische Verfahren 132

1. Finanzmathematische Begriffe 132

2. Kapitalwertverfahren 136

3. Interne Zinssatzmethode (Zinsfußmethode) 140

4. Annuitätenmethode 145

XV. Nutzen-Untersuchungen 147

1. Kosten-Nutzen-Analyse 147

2. Nutzwertanalyse 149

XVI. Problembereiche öffentlicher Investitionen 153

1. „Stuttgart 21" 153

2. „Berliner Flughafen BER" 154

3. „Elbphilharmonie in Hamburg" 155

4. Empfehlungen des Steuerzahlerbundes 155

Anhang: Finanzmathematische Tabellen 157

Literatur 161

Sachverzeichnis 162

Abbildungsverzeichnis

Abbildung 1	Entscheidungsträger in der Wirtschaft	20
Abbildung 2	Einteilung der Wirtschaftswissenschaften	21
Abbildung 3	Verschiedene Betrachtungsebenen der BWL und VWL	21
Abbildung 4	Betrieblicher Wertschöpfungskreislauf	22
Abbildung 5	Funktionen des betriebswirtschaftlichen Leistungsprozesses	23
Abbildung 6	Leitungs- und Sachsystem eines Betriebes	23
Abbildung 7	Management privater und öffentlicher Organisationen	24
Abbildung 8	Interdisziplinäre Betrachtung eines Verwaltungsbetriebes	25
Abbildung 9	Allgemeine und Öffentliche Betriebswirtschaftslehre	26
Abbildung 10	Aufgaben der Betriebswirtschaftslehre	26
Abbildung 11	Ursache-Wirkungs-Beziehung am Beispiel der Kosten	27
Abbildung 12	Die Bestimmungsfaktoren des Betriebes	28
Abbildung 13	Marktsteuerung als Differenzierungselement	29
Abbildung 14	Steuerung betrieblicher Grundfragen	31
Abbildung 15	Öffentliche Verwaltung im Spannungsverhältnis zwischen Ressourceneinsatz und Verwaltungszielen	32
Abbildung 16	Effizienz und Effektivität des Verwaltungshandelns	32
Abbildung 17	Das ökonomische Prinzip in der öffentlichen Verwaltung	33
Abbildung 18	Erfolgsrelationen	34
Abbildung 19	Erfolgsrelationen – Leistungsprozess	34
Abbildung 20	Erfolgsrelationen – Finanzprozess	35
Abbildung 21	ROI-Kennzahlensystem	36
Abbildung 22	Funktionsmodell Verwaltungsbetrieb	38
Abbildung 23	Ökonomische und nicht-ökonomische Umfeldfaktoren	39
Abbildung 24	Entscheidungsprozesse in der Verwaltung und gesamtwirtschaftliches Umfeld	40
Abbildung 25	Betriebliche Zielkonzeptionen	42
Abbildung 26	Systematik der Rechtsformen	43
Abbildung 27	Rechtsformen in der öffentlichen Verwaltung	44
Abbildung 28	Standortwahl in der öffentlichen Verwaltung	47
Abbildung 29	Standortentscheidung in der Kommunalverwaltung	48
Abbildung 30	Wirtschaftsprozess einer Unternehmung	49
Abbildung 31	Zielentstehung	50
Abbildung 32	Zielbeziehungen – Magisches Dreieck	51
Abbildung 33	Managementfunktionen und Managementebenen	52
Abbildung 34	Strategisches und operatives Verwaltungsmanagement	54
Abbildung 35	Entwicklung zum Managementsystem in der Öffentlichen Verwaltung	55
Abbildung 36	Elemente des Taylorismus	56
Abbildung 37	Automobilindustrie im Vergleich	56
Abbildung 38	Elemente der Unternehmensführung	57
Abbildung 39	Neues Steuerungsmodell	58

Abbildung 40	Bausteine des Qualitätsmanagements	59
Abbildung 41	Benchmarking – Sechs-Phasen-Modell	59
Abbildung 42	Beispiele für Benchmarks in der öffentlichen Verwaltung	60
Abbildung 43	Controllingsystem für Öffentliche Verwaltungen	61
Abbildung 44	Organisatorische Einbindung der Controllingfunktion	62
Abbildung 45	Allgemeines Modell Balanced Scorecard	63
Abbildung 46	Balanced Scorecard für die Kommunalverwaltung	64
Abbildung 47	Schematische Darstellung des Lebenszykluskonzeptes	65
Abbildung 48	Kostenerfahrungskurve	66
Abbildung 49	Portfolio-Analyse nach BCG	67
Abbildung 50	Portfolio-Analyse zur Planung kommunaler Verwaltungsleistungen	68
Abbildung 51	Leistungsprozess in der öffentlichen Verwaltung	70
Abbildung 52	Betrieblicher Wertschöpfungsrechnung einer Stadtwerke GmbH	71
Abbildung 53	Betriebliche Produktionsfaktoren und ihre Werterfassung	73
Abbildung 54	Kosten in Abhängigkeit vom Umfang der Verwaltungsleistungseinheiten	76
Abbildung 55	Stückkosten (Kosten pro Verwaltungsleistungseinheit)	76
Abbildung 56	Grenzkosten (Kostenzuwachs bei Ausdehnung der Verwaltungsleistungseinheiten)	77
Abbildung 57	Break-even-Analyse	78
Abbildung 58	Verhältnis zwischen Kosten und Gebühreneinnahmen	78
Abbildung 59	Kostendeckungsgrade kommunaler Gebühreneinnahmen	79
Abbildung 60	Marktformenschema	80
Abbildung 61	Nachfragefunktion	80
Abbildung 62	Darstellung der Nachfragefunktion	81
Abbildung 63	Angebotsfunktion	82
Abbildung 64	Darstellung der Angebotsfunktion	82
Abbildung 65	Marktpreissituation	83
Abbildung 66	Preissituationen in der öffentlichen Verwaltung	83
Abbildung 67	Direkte Preiselastizität der Nachfrage	84
Abbildung 68	Elastische Nachfrage bei Kulturveranstaltungen	85
Abbildung 69	Unelastische Nachfrage bei Wasser	85
Abbildung 70	Vollkommen unelastische Nachfrage bei Personalausweisen	86
Abbildung 71	Funktion Absatz im Betriebsprozess	87
Abbildung 72	Entwicklung zum Marketing in der öffentlichen Verwaltung	88
Abbildung 73	Prozessschema einer Marketing-Konzeption	89
Abbildung 74	Marketing in der Zielpyramide einer Unternehmung	90
Abbildung 75	Varianten der allgemeinen Unternehmungsstrategie	91
Abbildung 76	Unternehmungs- und Marketingstrategie	92
Abbildung 77	Alternative Marketingstrategien	92
Abbildung 78	Komponenten des Marketing-Mix in der öffentlichen Verwaltung	94
Abbildung 79	Wechselwirkung von Güter- und Geldströmen	95
Abbildung 80	Phasen des Finanzmanagementprozesses	96
Abbildung 81	Bilanz als Finanzierungsinformation	97
Abbildung 82	Magisches Zieldreieck der Finanzierung	98
Abbildung 83	Finanzierungskennzahlen	98
Abbildung 84	Finanzierungsarten	100
Abbildung 85	Gliederung nach den Zielen des Rechnungswesens	103
Abbildung 86	Externe und interne Informationsansprüche an das Rechnungswesen	103

Abbildung 87 Externes und internes Rechnungswesen beim Eigenbetrieb 104
Abbildung 88 Informationsempfänger des Rechnungswesens 104
Abbildung 89 Grundbegriffe des Rechnungswesens 105
Abbildung 90 Informationsempfänger des Rechnungswesens 114
Abbildung 91 Grundbegriffe des Rechnungswesens 117
Abbildung 92 Kalkulatorische Zinsen 118
Abbildung 93 Kritische Menge 123
Abbildung 94 Kapitalwerte bei unterschiedlichen Zinsen 142
Abbildung 95 Berechnung des internen Zinssatzes (grafische Darstellung) 143
Abbildung 96 Kosten-Nutzen-Analyse „Stuttgart 21" 147

Abkürzungsverzeichnis

A	Angebot
AG	Aktiengesellschaft
AktG	Aktiengesetz
Art.	Artikel
Aufl.	Auflage
BHO	Bundeshaushaltsordnung
BM	Bürgermeister
Bsp.	Beispiel
BW	Baden-Württemberg
BWL	Betriebswirtschaftslehre
d. h.	das heißt
DM	Deutsche Mark
EigBG	Eigenbetriebsgesetz
erw.	erweiterte
f.	folgende
g	Stückgewinn
GemO	Gemeindeordnung
GemHVO	Gemeindehaushaltsverordnung
GenG	Genossenschaftsgesetz
GG	Grundgesetz der Bundesrepublik Deutschland
GmbH	Gesellschaft mit beschränkter Haftung
GmbHG	Gesetz betr. Gesellschaften mit beschränkter Haftung
HGB	Handelsgesetzbuch
Hrsg.	Herausgeber
i. d. R.	in der Regel
i. e. S.	im engeren Sinne
i. S.	im Sinne
i. w. S.	im weiteren SinneJust in Time
JiT	Just in Time
k	Stückkosten
K	Gesamtkosten
K'	Grenzkosten
KAG	Kommunalabgabengesetz
Kf	fixe Kosten
KG	Kommanditgesellschaft
	Kommunale Gemeinschaftsstelle für Verwaltungsvereinfachung
Kv	variable Kosten
KVP	kontinuierlicher Verbesserungsprozess
LHO	Landeshaushaltsordnung
Mio	Million/en
MIT	Massachusetts Institute of Technology

N	Nachfragefunktion
OB	Oberbürgermeister
OHG	Offene Handelsgesellschaft
ÖPNV	Öffentlicher Personennahverkehr
P	Preis
qm	Quadratmeter
SLG	Strategische Leistungsgruppe/n
Std.	Stunde/n
TQM	Total Quality Management
U	Umsatz
überarb.	überarbeitet
usw.	und so weiter
VOB	Verdingungsordnung für Bauleistungen
VOL	Verdingungsordnung für Leistungen, ausgenommen Bauleistungen
VV	vice versa
VWL	Volkswirtschaftslehre
x	Menge
z. B.	zum Beispiel

Teil A: Öffentliche Betriebswirtschaftslehre und Public Management
von Fritz Hieber

I. Entscheidungen in der Wirtschaft – der strukturelle Ansatz

Zu einem allgemein verständlichen Einstieg in die Wirtschaftswissenschaften eignet sich der institutionelle Ansatz. Dieser Aspekt geht vom Handeln der Wirtschaftsteilnehmer in einer Gesellschaft (Wirtschaftssektoren) aus.

– private Haushalte (Verbraucher, Bürger) > *Konsum und Sparen*
– private Unternehmungen > (*Entscheidungen: Investitionen und Produktion*)
– staatliche Einheiten (Haushalte von Bund, Ländern, Kommunen und Sozialversicherungen) > *Entscheidungen: Steuern – Ausgaben*
– Ausland (die vorgenannten drei Wirtschaftssektoren, sofern sie sich im Ausland befinden.)

In diesen Wirtschaftssektoren (s. a. Volkswirtschaftliche Gesamtrechnung) werden unterschiedliche Entscheidungen getroffen, die an bestimmten Zielen orientiert sind. Der Koordinationsmechanismus für diese unterschiedlichen Entscheidungen ist der Markt.

Entscheidungsträger	Ziele	Entscheidungen
private Haushalte	hoher Lebensstandard	Einkommenserzielung Konsumausgaben Vermögensbildung
private Unternehmungen	Gewinn Soziales Umwelt	Beschaffung Produktion Absatz usw.
Staat	Allokation Verteilung Stabilisierung	Gesetze, politische, wirtschaftspolitische und betriebswirtschaftliche Entscheidungen
Ausland	w. o.	w. o.

Abbildung 1: Entscheidungsträger in der Wirtschaft

1. Inhalt der Betriebswirtschaftslehre

Ausgehend von dieser Struktur der Entscheidungsträger können auch die wesentlichen Inhalte der Wirtschaftswissenschaften dargestellt werden.

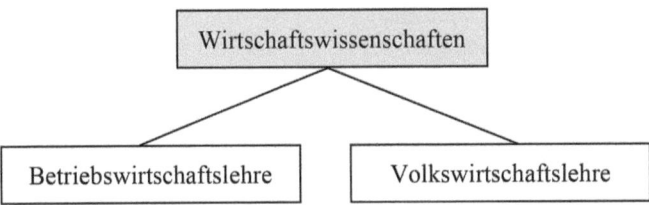

Abbildung 2: Einteilung der Wirtschaftswissenschaften

Sowohl die Betriebs- als auch die Volkswirtschaftslehre beschäftigen sich mit dem Wirtschaften. Die Unterschiede zwischen den Teilgebieten lassen sich – wie gesagt – am besten durch den institutionellen Ansatz verdeutlichen:

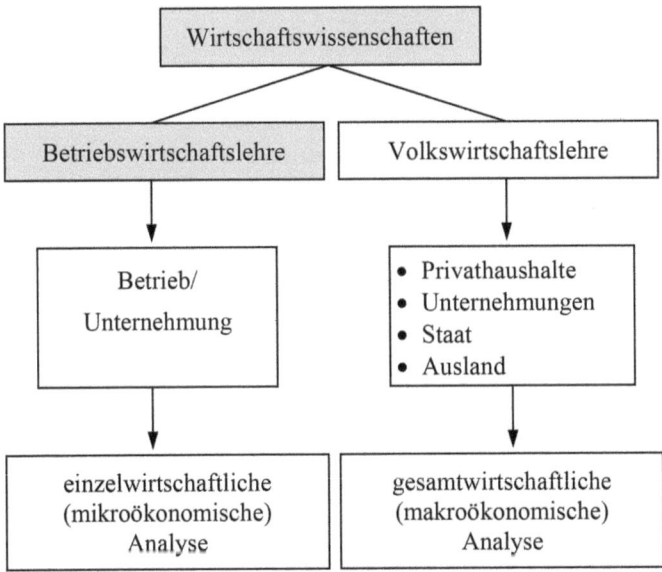

Abbildung 3: Verschiedene Betrachtungsebenen der BWL und VWL

Mit „Betrieb" bezeichnet man alle produzierenden Systeme, unabhängig von speziellen Zielorientierungen. Das Wort „Unternehmung" wird für Betriebe mit erwerbswirtschaftlicher Zielsetzung im Rahmen der Marktwirtschaft verwendet. Da die Betriebswirtschaftslehre nur einen Entscheidungsträger analysiert, handelt es sich um eine sog. einzelwirtschaftliche bzw. mikroökonomische Betrachtung.

Die Volkswirtschaftslehre hingegen betrachtet die gesamtwirtschaftlichen bzw. makroökonomischen Zusammenhänge und Beziehungen zwischen den Privathaushalten, den Unternehmungen, dem Staat und dem Ausland.

Welche Vorgänge und Probleme der Betriebe durch die Betriebswirtschaftslehre zu untersuchen sind, kann durch die Darstellung eines betrieblichen „Wertschöpfungskreislaufs" systematisiert werden:

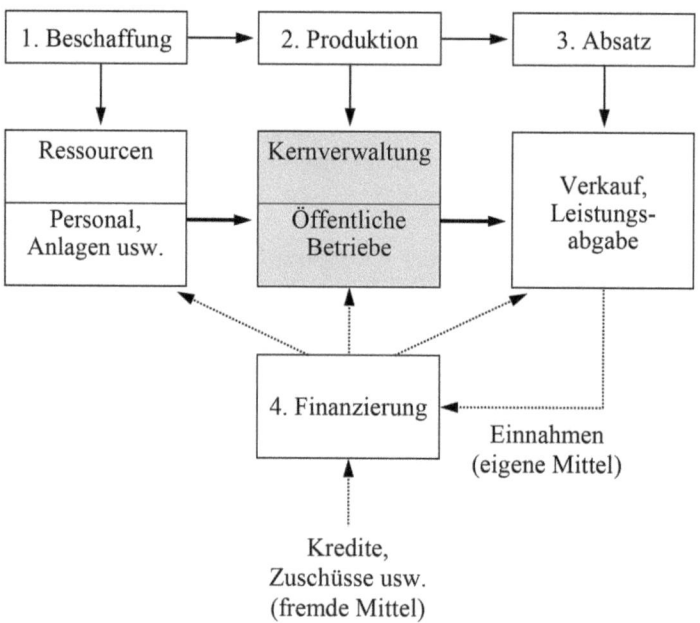

Abbildung 4: Betrieblicher Wertschöpfungskreislauf

Voraussetzung für die Erfüllung der zentralen Produktionsaufgabe eines Betriebes ist demnach die Beschaffung von Produktionsfaktoren (Ressourcen). Der betriebliche Erfolg hängt letztlich davon ab, inwieweit die produzierten Güter und Dienstleistungen verkauft werden.

Die drei Teilprozesse Beschaffung, Produktion und Absatz stellen daher insgesamt den eigentlichen Leistungsprozess eines Betriebes dar.

1. Inhalt der Betriebswirtschaftslehre 23

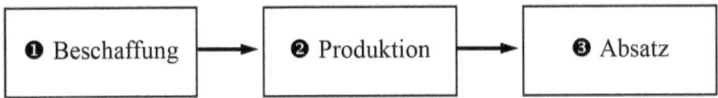

Abbildung 5: Funktionen des betriebswirtschaftlichen Leistungsprozesses

Der Leistungsprozess, der einen güterwirtschaftlichen Aspekt darstellt, kann nur durch die Finanzierung (Geldströme) in Gang gehalten werden. Das Volumen der zur Verfügung stehenden finanziellen Mittel ergibt sich aus den Einnahmen durch den Absatz und aus fremden Mitteln (Kredite, Zuschüsse usw.).

Die vielfältigen Funktionen eines Betriebes bedürfen einer zielorientierten Steuerung (Leitungssystem). Die Aufgabenbereiche des Leitungssystems fallen dem Management zu und dienen der Lenkung des Sachsystems.

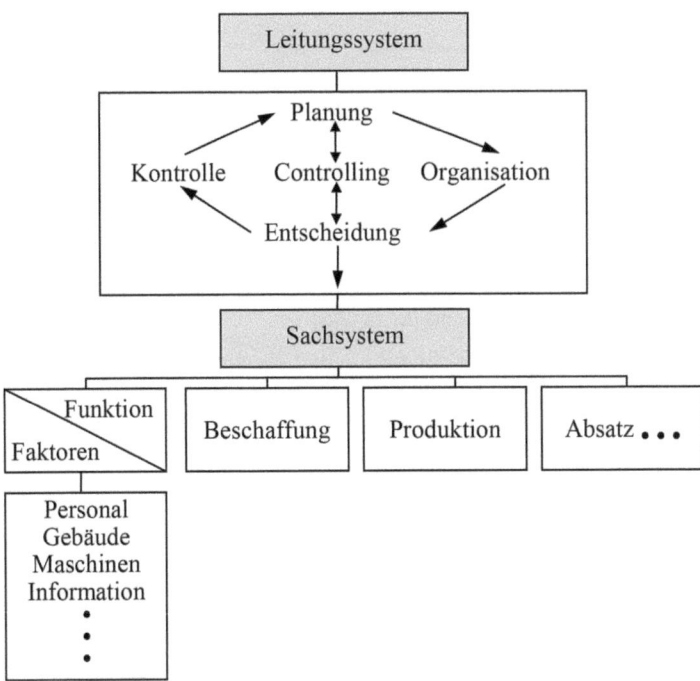

Abbildung 6: Leitungs- und Sachsystem eines Betriebes

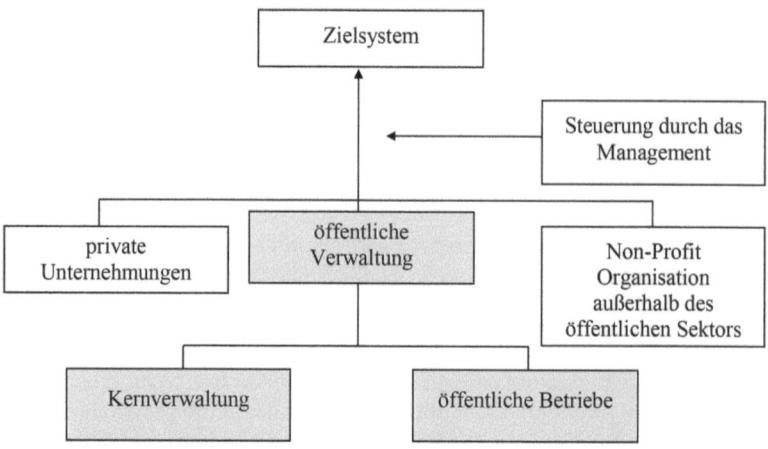

Abbildung 7: Management privater und öffentlicher Organisationen

2. Interdisziplinäre Orientierung der Betriebswirtschaftslehre

In der modernen Betriebswirtschaftslehre sieht man den Betrieb cum grano salis nicht als bloße produzierende Wirtschaftseinheit, sondern als ein Sozialsystem im Rahmen gesamtwirtschaftlicher, gesellschaftlicher, rechtlicher und internationaler Bedingungen. Insofern bedarf es zur umfassenden Betrachtung des Betriebes auch der Erkenntnisse anderer Wissenschaften: Volkswirtschaftslehre, Soziologie, Psychologie, Rechtswissenschaft und Informatik.

Diese interdisziplinäre Ausrichtung der Betriebswirtschaftslehre seit den 1970er Jahren, insbesondere die Einbeziehung der Sozialwissenschaften, war eine wichtige Entwicklung, eine qualitative Verbesserung und ein „Ausbrechen" aus den traditionellen Bahnen der quantitativen Orientierung der „alten" Betriebswirtschaftslehre.

3. Einordnung der Öffentlichen Betriebswirtschaftslehre in die Allgemeine Betriebswirtschaftslehre

Die Öffentliche Betriebswirtschaftslehre ist eine von mehreren Besonderen Betriebswirtschaftslehren, d. h. die generellen Erkenntnisse der Allgemeinen Betriebswirtschaftslehre werden angewandt auf die speziellen Aspekte von Industrie, Handel, Banken, öffentliche Betriebe, öffentliche Verwaltung usw. Von daher er-

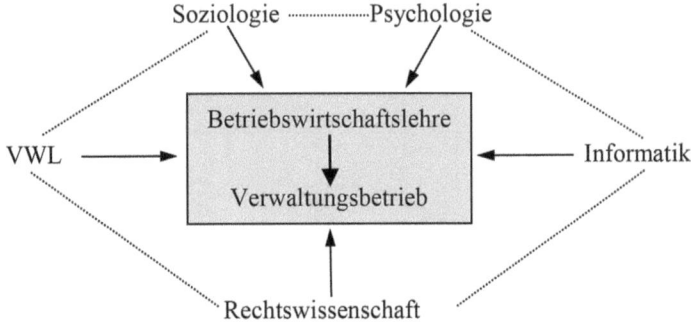

Abbildung 8: Interdisziplinäre Betrachtung eines Verwaltungsbetriebes

geben sich dann die Besonderen Betriebswirtschaftslehren: Industrie-, Handels-, Bankbetriebslehre usw. Wenn man die allgemeinen betriebswirtschaftlichen Erkenntnisse auf die öffentliche Verwaltung oder öffentliche Betriebe anwendet, entsteht als Besondere Betriebswirtschaftslehre die Öffentliche Betriebswirtschaftslehre.

Ein Beispiel für diese besondere Fragestellung: Welche besonderen Aspekte hat die Funktion des Absatzes bei öffentlichen Betrieben oder in der öffentlichen Verwaltung? Bei der Antwort auf diese Frage muss man erkennen, dass der Absatz in der öffentlichen Verwaltung überwiegend nicht gewinnorientiert ist, sondern dass die Leistungsabgabe in der Praxis oft unter Marktpreisverhältnissen oder gar kostenlos erfolgt („soziale Preise"). Zum Teil müssen die Bürger Leistungen abnehmen oder sie haben keine andere Alternative.

Generell muss im Rahmen dieser einführenden Bemerkungen schon als Ergebnis festgehalten werden, dass die historisch privatwirtschaftlich orientierte Betriebswirtschaftslehre auf keinen Fall 1:1 auf die öffentliche Verwaltung übertragen werden kann. Öffentliche Verwaltung ist eben nicht wie die Privatwirtschaft ausschließlich marktorientiert.

4. Aufgaben der Betriebswirtschaftslehre

Die Betriebswirtschaftslehre ist ein praxisorientiertes Wissenschaftsgebiet, insofern hat sie eine gestaltende Funktion. Die erste Aufgabe ist die Diagnose, d. h. die Erfassung und Beschreibung der Vorgänge im Betrieb. Als zweite Aufgabe ergibt sich nachfolgend die Erklärung. Dabei handelt es sich um das Erkennen der Ursache-Wirkungs-Zusammenhänge der betrieblichen Vorgänge (Ursachenanalyse). Im Rahmen der abschließenden dritten Aufgabe muss die Betriebswirtschaftslehre

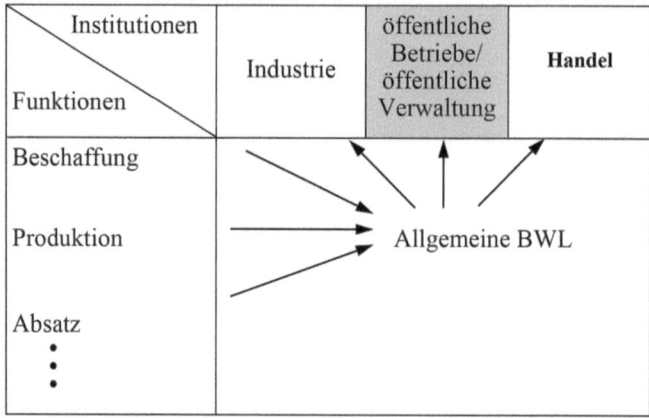

Abbildung 9: Allgemeine und Öffentliche Betriebswirtschaftslehre

geeignete Instrumente zur Gestaltung eines Betriebes entwickeln (Handlungsvorschlägen für die Entscheidungsträger).

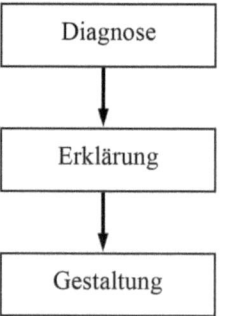

Abbildung 10: Aufgaben der Betriebswirtschaftslehre

Anhand eines Beispiels soll dieser Aufgabenkatalog konkretisiert werden. Bei der Diagnose stellt man fest, dass die Kosten zu hoch sind. In der Analysephase ist dann z. B. der Ursache-Wirkungs-Zusammenhang zwischen Produktionsmenge (x) und Kosten (K) zu untersuchen:

Die Gestaltungsfunktion bedeutet, dass z. B. geeignete Kostenrechnungsverfahren zur besseren Zielerreichung bereitgestellt werden müssen.

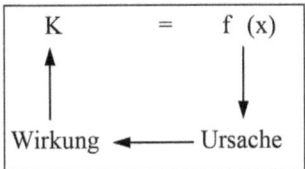

Abbildung 11: Ursache-Wirkungs-Beziehung am Beispiel der Kosten

5. Historische Entwicklung der Betriebswirtschaftslehre

Vorläufer der Betriebswirtschaftslehre
- Buchhaltungslehre (Luca Pacioli, Venedig, 1445–1509)
- Handlungswissenschaft (Jacques Savary, Paris, 1622–1690)

Aufbauperiode der Betriebswirtschaftslehre (ca. 1900–1945)
- Empirisch-realistische Richtung: Eugen Schmalenbach, Köln
- Normativ-wertende Richtung: Heinrich Nicklisch, Leipzig (1876–1946)
- Theoretische Richtung: Wilhelm Rieger, Nürnberg und Tübingen (1878–1971)

Ausbauperiode der Betriebswirtschaftslehre (ca. 1945–1970)
- Erich Gutenberg, Köln (1897–1984)
- Erich Kosiol, Berlin (1899–1990)
- Konrad Mellerowicz, Berlin (1891–1984)

Periode der Vertiefung und der interdisziplinären Ausrichtung (ab ca. 1970)
- Prägung des entscheidungstheoretischen Ansatzes der BWL:
  Edmund Heinen, München
- Ausbau des systemtheoretischen Ansatzes der BWL:
  Hans Ulrich, Zürich und St. Gallen

II. Öffentliche Verwaltung und öffentliche Betriebe als Gegenstand der Betriebswirtschaftslehre

1. Bestimmungsfaktoren des Betriebes

Nach Erich Gutenberg (s. S. 22) ist eine Betriebstypologie üblich, die untersucht, welche systemunabhängigen Faktoren allen Betrieben gemeinsam sind und welche Bestimmungsfaktoren eine Differenzierung herbeiführen.

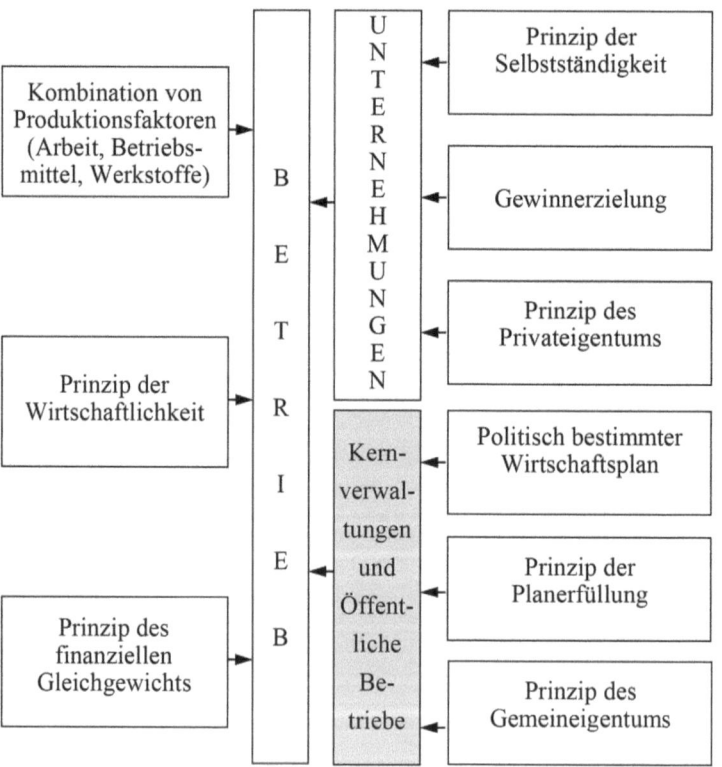

Abbildung 12: Die Bestimmungsfaktoren des Betriebes

Gutenberg verwendet den Betriebsbegriff als Oberbegriff. Jeder Betrieb ist durch sechs Merkmale gekennzeichnet, von denen drei in jedem Betrieb anzutreffen sind:

1. In jedem Betrieb werden Produktionsfaktoren zur Leistungserstellung kombiniert.
2. Diese Kombination erfolgt nach dem formalen Wirtschaftlichkeitsprinzip (Hinweis: § 77 (2) GemO/BW).
3. Für längere Zeit kann jeder Betrieb nur existieren, wenn er seinen Zahlungsverpflichtungen nachkommen kann (finanzielles Gleichgewicht – Liquidität).

Dem Oberbegriff sind zwei Begriffstypen untergeordnet, die sich durch jeweils drei Merkmale unterscheiden:

1. Für den Betrieb in der Marktwirtschaft (= Unternehmung) ist charakteristisch, dass er seine Entscheidungen eigenständig treffen kann (Produzentensouveränität). Ferner bestimmen das Gewinnstreben und das Privateigentum die Unternehmung (Hinweis: Art. 14 (1) GG).
2. Verwaltungen und öffentliche Betriebe sind politisch bestimmt durch Wirtschaftspläne (Hinweis: § 14 (1) EigBG/BW). Die Pläne müssen erfüllt werden, auch dann, wenn Verschwendung (unwirtschaftliches Handeln) entsteht. Außerdem besteht Gemeineigentum an den Produktionsmitteln (Hinweis: Art. 14 (2) und (3), Art. 15 GG).

2. Marktsteuerung als Differenzierungselement

Öffentliche Betriebe und öffentliche Verwaltungen können in der Praxis des wirtschaftlichen Handelns ebenso wie Unternehmungen eine Marktsteuerung und in diesem Sinne Wettbewerbsverhältnisse vorfinden:

Markttyp \ Betriebstyp	Öffentliche Verwaltung	Öffentliche Betriebe	Private Unternehmung
Eigenkapitalmarkt	Ausschluss der Steuerung über private Märkte		
Absatzmarkt			
Beschaffungsmarkt		Marktsteuerung	
Arbeitsmarkt			
Fremdkapitalmarkt			

Abbildung 13: Marktsteuerung als Differenzierungselement

3. Besonderheiten des öffentlichen Verwaltungsbetriebes

Der Verwaltungsbetrieb wird überwiegend als Dienstleistungsbetrieb bezeichnet. Dieser Wandel zu modernen Dienstleistungsunternehmen ist Zebu für. die Kommunalverwaltung aufgrund der großen Zahl ihrer Dienstleistungen und des ständigen Kontakts mit dem Bürger von noch größerer Bedeutung als für andere staatliche Stellen. Allerdings besteht gegenüber einer privaten Dienstleistungsunternehmung eine Reihe von Unterschieden:

- Die Aufgabenstellung und das Zielsystem sind vielfach gesetzlich und politisch bestimmt und unterliegen nicht der Korrektur über Marktmechanismen (Wettbewerb).
- Das „Produktsortiment" ist historisch gewachsen und sehr heterogen und nicht das Ergebnis einer bewussten Diversifikation des kommunalen Managements.
- Die Produkte werden sehr unterschiedlich zu marktähnlichen Preisen, zu steuersubventionierten Gebühren oder zum Nulltarif abgesetzt.
- Für den Kunden kann Anschluss- und Benutzungszwang vorliegen.
- Das Management in der öffentlichen Verwaltung ist gegenüber dem Management in der Privatwirtschaft in den Kompetenzen eingeschränkt. So können wichtige Entscheidungen durch langwierige politische Prozesse verzögert werden. Die Entscheidungsbegrenzungen bzw. -hemmnisse für das Verwaltungsmanagement können durch politische Einflussnahme, Haushaltsrecht und Dienstrecht entstehen.
- Ein modernes, leistungsorientiertes Personalmanagement und das beamtenrechtliche Dienstverhältnis stehen oftmals im Widerspruch.

Die öffentliche Verwaltung finanziert sich überwiegend aus Abgaben und Zuweisungen und nicht wie die Privatwirtschaft aus Umsatzerlösen.

- Das für die Privatwirtschaft typische Kapital- bzw. Bestandsrisiko besteht nicht. Dies kann in den Fällen zu erheblichen Wettbewerbsverzerrungen führen, wenn die öffentliche Verwaltung in direkte Konkurrenz zu privaten Unternehmungen tritt.

In den 1990er Jahren haben sich jedoch durch die verstärkten Auslagerungen (Outsourcing) öffentlicher Betriebe (z. B. in der Rechtsform einer GmbH) starke Annäherungen an die Privatwirtschaft ergeben. Heute erkennt man, dass einerseits der Abbau staatlicher Leistungen zu einer enormen Entwicklung des privatwirtschaftlichen Sektors führen kann, aber eben auch dass der Abbau staatlicher Vorschriften zu einer enormen Entwicklung des privatwirtschaftlichen Bereichs führen würde.

III. Ressourceneinsatz und Zielerreichung

1. Grundlagen des Wirtschaftens

Für jede Organisation ergeben sich drei Grundfragen:
- WAS
- WIE und
- für WEN soll produziert werden?

Handelt es sich um private Unternehmungen, dann befindet der Marktmechanismus über Erfolg (Gewinn) oder Misserfolg (Verlust) von Managemententscheidungen. Bei der Abgabe von Verwaltungsleistungen ist die Marktsteuerung sehr unterschiedlich und wird i.d.R. ersetzt durch politische Entscheidungsprozesse. Im Rahmen des Marktmechanismus gilt nur der betriebswirtschaftliche Erfolg als Steuerungsgröße. Wenn in der öffentlichen Verwaltung andere Zielorientierungen (politische, kulturelle, soziale Ziele) als höherwertig angesehen werden, muss der politische Entscheidungsprozess den Marktmechanismus ergänzen bzw. ersetzen.

Abbildung 14: Steuerung betrieblicher Grundfragen

Das Wirtschaften ergibt sich aus dem Spannungsverhältnis zwischen Zielen einerseits und knappen Ressourcen (z. B. finanzielle Mittel) andererseits. Wirtschaften ist immer ein Entscheiden über Knappheitsverhältnisse und erfordert deshalb ein rationales Verhalten der Entscheidungsträger. Die Grundlage rationaler Entscheidungsfindung ist das Wirtschaftlichkeitsprinzip, das sogar mit Verfassungsrang versehen ist (Art. 114 II 1 GG). Auf die öffentliche Verwaltung übertragen kann dieser Zusammenhang zunächst wie folgt dargestellt werden:

III. Ressourceneinsatz und Zielerreichung

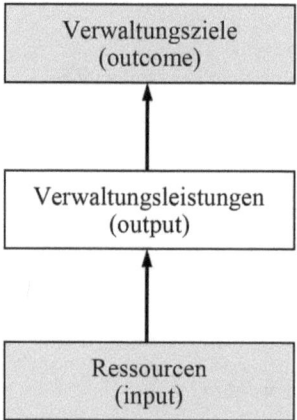

Abbildung 15: Öffentliche Verwaltung im Spannungsverhältnis
zwischen Ressourceneinsatz und Verwaltungszielen

Die Strategie der dezentralen Ressourcenverantwortung beinhaltet die Übertragung der Verantwortung z.B. über Finanzen (Budgetierung) und Personal auf einzelne Ämter. Diese Strategie soll in der kommunalen und staatlichen Verwaltungspraxis zu einem höheren Zielerreichungsgrad (Effektivität) und zu mehr Produktivität und Wirtschaftlichkeit (Effizienz) führen. Effektivität und Effizienz sind zu zentralen Steuerungsgrößen des Verwaltungshandelns geworden.

- Input (Ressourcen)
    → Effizienz
- Output (Verwaltungsleistungen)
    → Effektivität
- Outcome (Kundenzufriedenheit)

Abbildung 16: Effizienz und Effektivität des Verwaltungshandelns

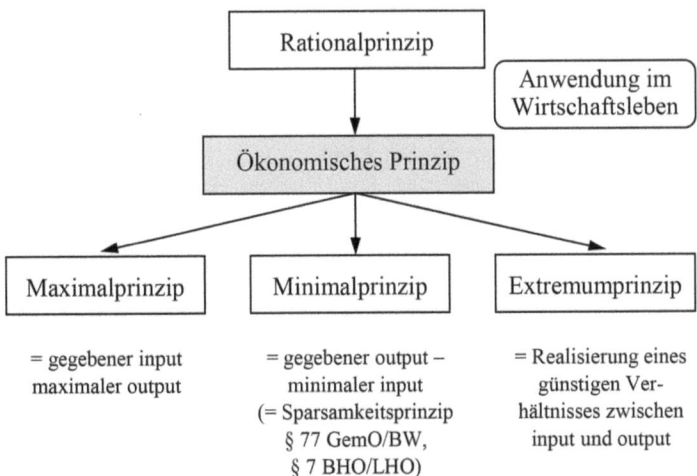

Abbildung 17: Das ökonomische Prinzip in der öffentlichen Verwaltung

2. Erfolgsmaßstäbe des Wirtschaftens

Kennzahlen sind ein elementarer Bestandteil von Führungsinformationssystemen. Sie dienen im Rahmen eines Controllingsystems der operativen Steuerung von Organisationen und sind gleichzeitig Ausgangspunkt für strategische Ausrichtungen. Zudem ermöglichen sie in der öffentlichen Verwaltung den wichtigen Vergleich zwischen Verwaltungsorganisationen, insbesondere wenn der korrigierende Marktmechanismus fehlt.

Man unterscheidet folgende Arten von Kennzahlen:

- Absolute Kennzahlen (Grundzahlen): – Summen (z.B.: Überschuss) – Differenzen (z.B.: Kostenveränderung) – Mittelwerte (z.B.: durchschnittliche Bearbeitungsdauer)

- Relative Kennzahlen (Verhältniszahlen): – Gliederungszahl (Teilmasse zu der zugehörigen Gesamtmasse, z.B.: Eigenkapitalquote) – Beziehungszahl (Beziehung zwischen wesensverschiedenen Massen, z.B.: Kapitaldeckung des Anlagevermögens) – Indexzahl (fortlaufende Reihe von Werten bezogen auf die erste Zahl = Basiszahl, z.B.: Überschussentwicklung)

(1) Produktivität und Wirtschaftlichkeit messen und kontrollieren den Erfolg der eingesetzten Ressourcen im Leistungsprozess. Die beiden Kennzahlen unterscheiden sich dadurch, dass Produktivität eine Mengen- und Wirtschaftlichkeit eine Wertbetrachtung (bewertete Mengen in EURO) ist.

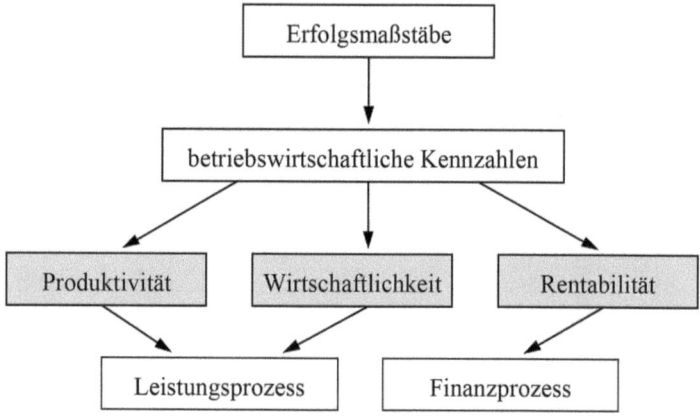

Abbildung 18: Erfolgsrelationen

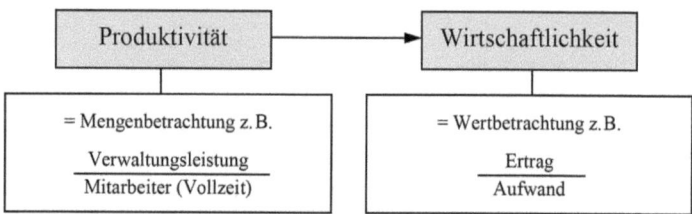

Abbildung 19: Erfolgsrelationen – Leistungsprozess

(2) Der Gewinn alleine ist ohne große Aussagekraft. Erst der Vergleich mit anderen Größen ermöglicht eine sinnvolle Aussage, ob sich der Einsatz des Kapitals oder die Erzielung des Umsatzes gelohnt hat.

Rentabilität (auch: Rendite) misst den wirtschaftlichen Erfolg eines Unternehmens, d. h. die durch das investierte Kapital erwirtschafteten finanziellen Mittel. Bei der Eigenkapitalrendite wird der Unternehmensgewinn zum Eigenkapital ins Verhältnis gesetzt. Der Wert dieser Kennzahl sollte über der marktüblichen Verzinsung liegen. Zur Erfassung der Gesamtkapitalrentabilität müssen zum Gewinn die Schuldzinsen (= erwirtschafteter Erfolg für die Gläubiger) addiert werden. Diese Summe wird dann in Relation zum Gesamtkapital (Eigenkapital + Fremdkapital) gesetzt.

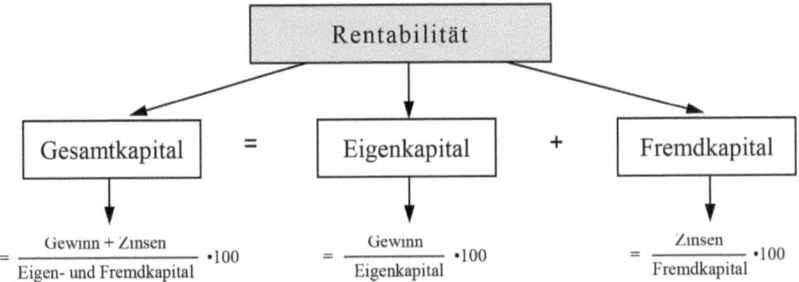

Abbildung 20: Erfolgsrelationen – Finanzprozess

Eine wichtige Rentabilitätskennzahl für gewinnorientierte Betriebe ist die Umsatzrentabilität:

$$\text{Umsatzrentabilität} = \frac{\text{Gewinn}}{\text{Umsatz}} \times 100$$

Die Höhe des Umsatzes ist nicht die allein entscheidende Größe. Viel wichtiger ist die Analyse, wie viel Gewinn mit einem bestimmten Umsatz erwirtschaftet wurde (= Umsatzrentabilität).

(3) Liquidität ist die Fähigkeit eines Betriebes, seinen Zahlungsverpflichtungen fristgerecht und in vollem Umfang nachkommen zu können. Die vorhandenen flüssigen Mittel dürfen also im Verhältnis zu den benötigten flüssigen Mittel (kurzfristige Verbindlichkeiten) nicht kleiner als 1 sein. Zwischen Rentabilität (2) und Liquidität (3) kann ein Zielkonflikt entstehen. Ein hoher Bestand an liquiden Mitteln auf dem Girokonto hat negative Auswirkungen auf die Rentabilität. Niedrige Liquiditätsvorhaltung kann hingegen die Rentabilität zwar verbessern, allerdings besteht dann die Gefahr der Zahlungsschwierigkeit. Das Ziel einer Renditeverbesserung muss also immer unter Berücksichtigung einer ausreichenden Liquidität verfolgt werden.

(4) Kennzahlensysteme haben zu einer bedeutenden Weiterentwicklung der Aussagequalität geführt. In solchen Systemen werden einzelne Kennzahlen in sachlich sinnvoller Weise miteinander verknüpft, um die Ursache-Wirkungs-Beziehungen in einem Betrieb besser erfassen zu können. Ein Kennzahlensystem ist besonders geeignet, die Finanzziele einer Unternehmung in eine Hierarchie zu bringen. Damit lassen sich Abhängigkeiten, Zusammenhänge und Querverbindungen betrieblicher Vorgänge und einzelner Teilziele klar erkennen. Ein erprobtes Kennzahlensystem ist das DuPont-System, das der US-Chemiekonzern DuPont bereits 1919 entwickelt wurde. Im Mittelpunkt dieses Kennzahlensystems steht der Return on Der RoSi lässt sich anhand eines Investment (RoI). Kennzahlenbaums darstellen, aus dem deutlich wird, dass die Multiplikation aus Kapitalumschlag und Umsatzrentabilität den RoI ergibt.

36 III. Ressourceneinsatz und Zielerreichung

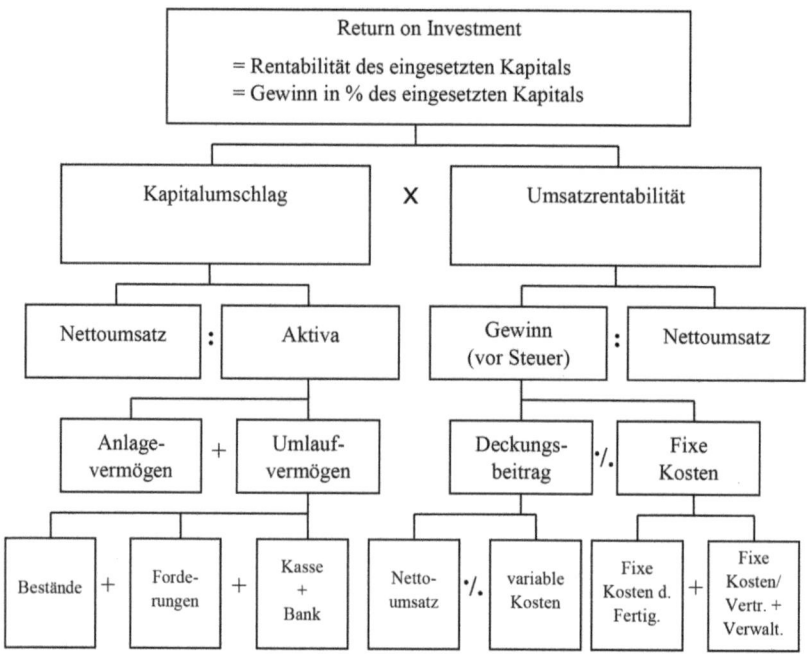

Abbildung 21: RoI – Kennzahlensystem

IV. Betriebswirtschaftliche Analyse einer Verwaltungsorganisation

Jeder private und öffentliche Betrieb ist ein sehr komplexes System mit vielfältigen Funktionen. Alle Betriebe beschaffen sich Ressourcen und setzen ihre hergestellten Produkte ab. Sie brauchen finanzielle Mittel, um die Beschaffung und Produktion vorfinanzieren zu können und aus dem Absatz Umsatzerlöse zur Eigenfinanzierung. Diese Leistungs- und Finanzprozesse müssen durch das Management gesteuert werden. Dazu benötigt man interne Informationen durch das Rechnungswesen sowie externe Informationen über das Umfeld des Betriebes. Aus der traditionellen Darstellung dieser betrieblichen Funktionen in der Allgemeinen Betriebswirtschaftslehre kann ein entsprechendes Modell z.B. für einen öffentlichen Verwaltungsbetrieb entworfen werden.

38   IV. Betriebswirtschaftliche Analyse einer Verwaltungsorganisation

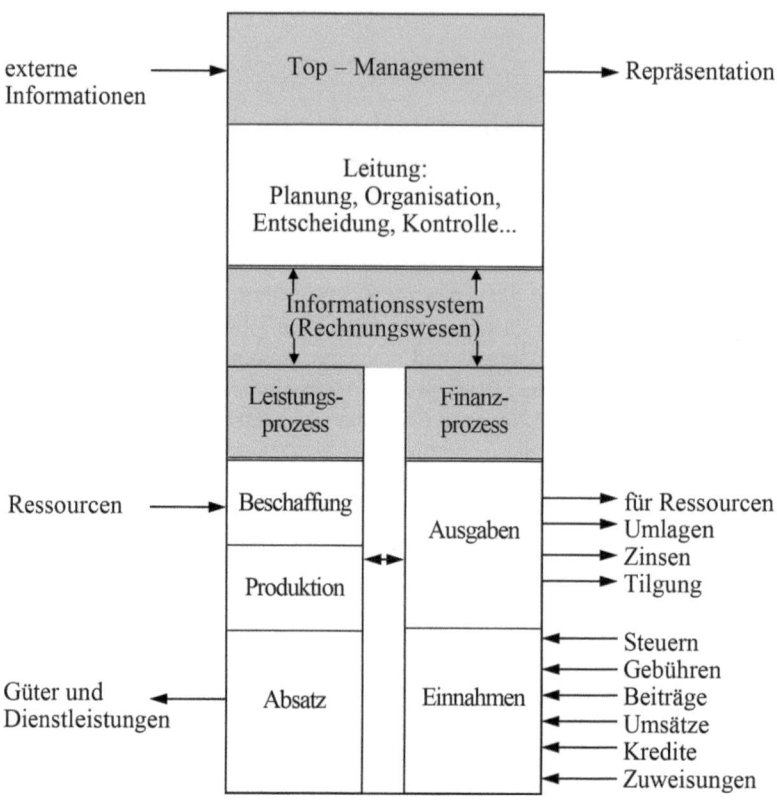

Abbildung 22: Funktionsmodell Verwaltungsbetrieb

V. Betrieb und Umfeld

Die Qualität des strategischen Managements hängt mutadis mutandis von drei Faktoren ab:

1. Unternehmensanalyse: Analyse der Stärken und Schwächen, des Erfolgspotenzials und der Marktposition
2. Umfeldanalyse: Analyse des gesamtwirtschaftlichen (national und international), gesetzlichen, technologischen, sozio-kulturellen und ökologischen Umfelds
3. Entwicklung unternehmensspezifischer Szenarien: Marktposition (Kunden, Qualität, Konkurrenten), Umsatzanteil von Innovationen, Wertschöpfung pro Mitarbeiter, Cashflow, Gewinnentwicklung, Attraktivität für qualifizierte Mitarbeiter

Das Management muss also neben dem internen Berichtswesen immer stärker externe Informationen verarbeiten.

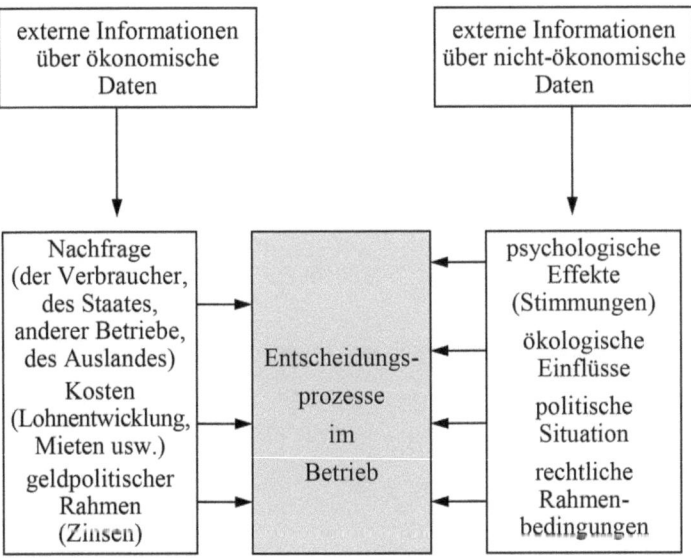

Abbildung 23: Ökonomische und nicht-ökonomische Umfeldfaktoren

In der öffentlichen Verwaltung gibt es kaum Entscheidungsfelder, die nicht von der Entwicklung solcher Umfeldfaktoren beeinflusst werden. Einige konkrete Beispiele ökonomischer Umwelteinflüsse:

- Die Wachstumsrate des Bruttoinlandsproduktes beeinflusst die Höhe der Steuereinnahmen.
- Die Inflationsrate verändert Steuereinnahmen einerseits, Personalausgaben und Investitionsausgaben andererseits.
- Die Struktur der Arbeitslosigkeit kann sich z.B. ceteris paribus in der Höhe der Sozialhilfe auswirken.
- Die Zinsentwicklung hat Einfluss auf die Kreditaufnahme und den Schuldendienst.
- Die nachteilige Veränderung von Wechselkursen kann zu einem Absatzrückgang bei Unternehmungen und in der Folge zu einer Verminderung der Gewerbesteuereinnahmen führen usw.

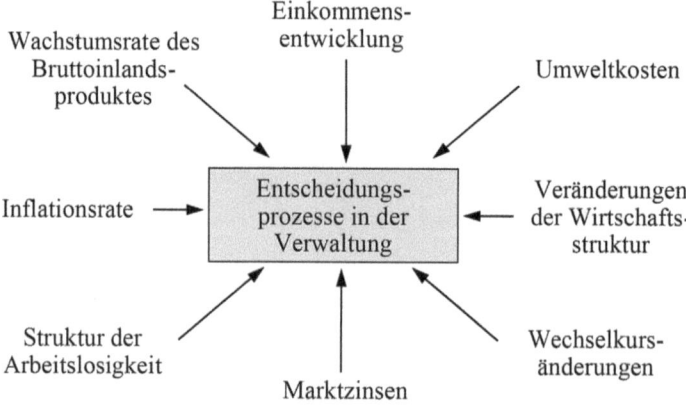

Abbildung 24: Entscheidungsprozesse in der Verwaltung und gesamtwirtschaftliches Umfeld

VI. Betriebstypologie

In jeder Volkswirtschaft befindet sich eine Vielzahl heterogener Betriebe, die man aus Gründen der Übersichtlichkeit nach besonderen Kriterien einteilt (sog. Betriebstypologie):

(1) nach der vorherrschenden Zielkonzeption,

(2) der Rechtsform und

(3) dem Standort.

1. Zielkonzeptionen

In marktwirtschaftlichen Systemen ist das Gewinnstreben von Unternehmungen dominierend. Für öffentliche Betriebe muss die Versorgung der Gesellschaft im Vordergrund stehen. Das Versorgungsziel ist i.d.R. mit einem Defizit (Zielvereinbarung: Zuschussbegrenzung) verbunden. Mit den Zielorientierungen Kostendeckung und Erwirtschaften eines Überschusses bewegt sich der öffentliche Sektor in Richtung Privatwirtschaft.

2. Rechtsformen

Für das wirtschaftliche Handeln in der öffentlichen Verwaltung sind folgende Problemstellungen zu lösen:

- In welcher Rechtsform kann und soll sich die öffentliche Verwaltung wirtschaftlich betätigen?
- Welche Gründe führen in der öffentlichen Verwaltung zur sog. Organisationsprivatisierung (GmbH, AG)?

Die Rechtsordnung stellt eine Vielzahl von Rechtsformen zur Verfügung. Die Rechtsformen sind zwar eine Angelegenheit der Rechtswissenschaft (> Gesellschaftsrecht); es ergeben sich aber auch eine Anzahl wichtiger betriebswirtschaftlicher Entscheidungsprobleme. Die Rechtsformen („juristisches Gewand" der Betriebe) schaffen ein System geregelter Verhaltensnormen, durch das Rechtssicherheit entstehen soll. Von daher sind Rechtsformen von öffentlichem Interesse (z.B. Gläubiger). Die Wahl der Rechtsform ist grundsätzlich frei. Für den öffentlichen

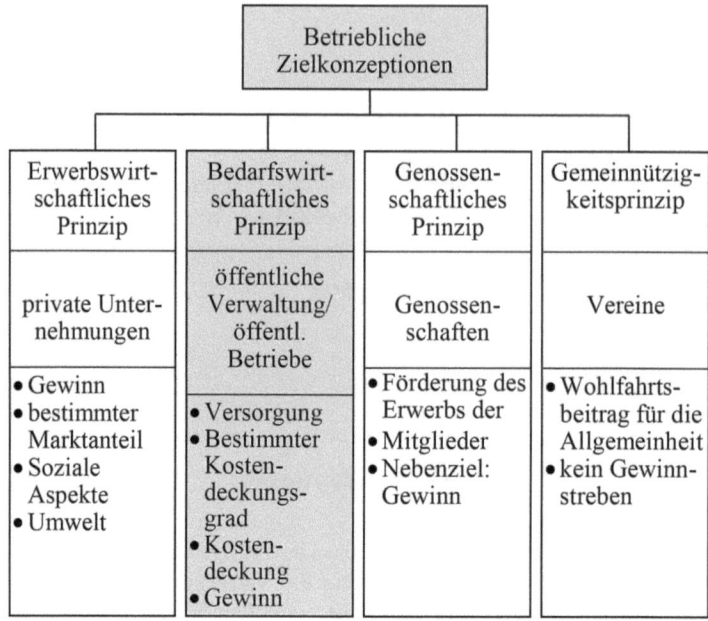

Abbildung 25: Betriebliche Zielkonzeptionen

Sektor ist die Wahlfreiheit eingeschränkt, da die personenbezogenen Rechtsformen vor allem aus Haftungsgründen nicht in Betracht kommen können. Die Rechtsformenwahl ist eine strategische Entscheidung.

Bei der Entscheidung zu Gunsten einer Rechtsform sind eine Reihe von Kriterien zu berücksichtigen und zu gewichten:

- Art der öffentlichen Aufgabe
- Haftung
- Management (Leitungskompetenz)
- Organisationsstruktur
- Finanzierungsmöglichkeiten
- Steuerbelastung
- Publizitätspflicht
- Rechtsformaufwand

Grundsätzlich sind die Rechtsformen der Betriebe zu trennen in die des Privatrechts und in die des öffentlichen Rechts. Die Rechtsformen des privaten Rechts

2. Rechtsformen

spielen für die Betriebe eine Rolle, die sich primär an privatwirtschaftlichen Zielen orientieren und deren Eigenkapital auf Privateigentum basiert (Privatunternehmungen). Sie können als Einzel- oder als Gesellschaftsunternehmen betrieben werden. Für Betriebe, die sich als Teilorgane einer Gebietskörperschaft vorrangig bedarfswirtschaftlich betätigen und deren Eigenkapital ganz oder zum Teil Gemeineigentum ist, stehen die Gestaltungsmöglichkeiten des öffentlichen Rechts zur Verfügung (öffentliche Betriebe).

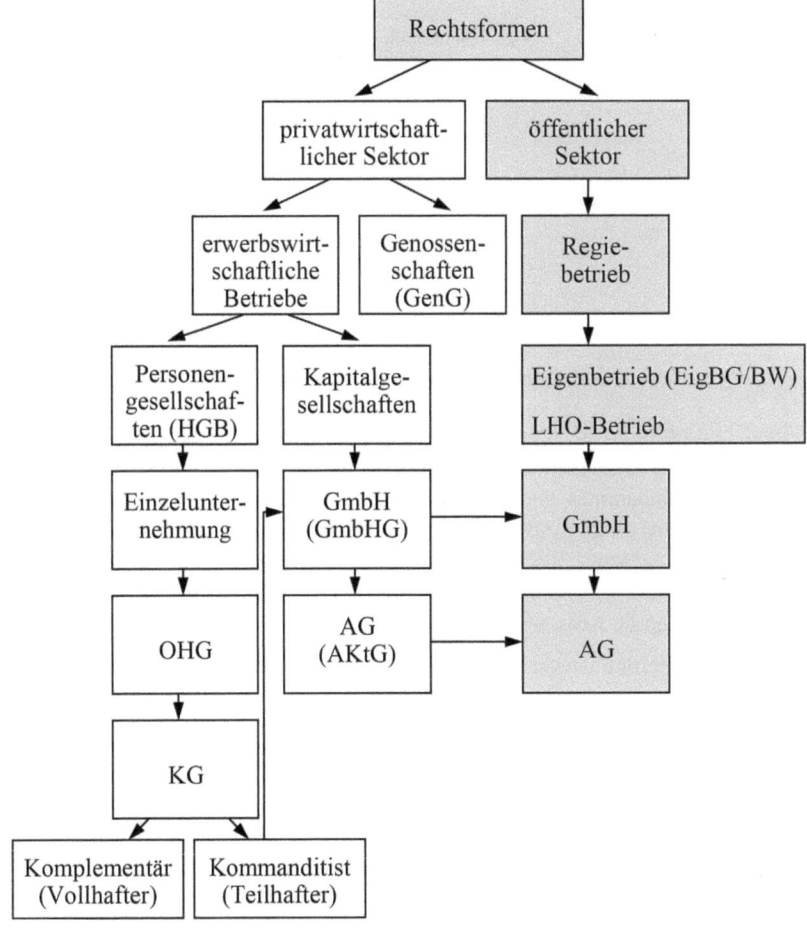

Abbildung 26: Systematik der Rechtsformen

VI. Betriebstypologie

Verfassungsrechtlich ist z. B. den Kommunen die Selbstverwaltung garantiert. Dies beinhaltet auch die Organisationshoheit der Kommunen. Dazu gehört die Entscheidung über Ausgliederungen (Outsourcing) bestimmter kommunaler Aufgabenfelder einschließlich der Wahlfreiheit bei der Rechtsform (öffentlich-rechtlich und privatrechtlich). Die Rechtsformen, die für die wirtschaftliche Betätigung der Kommunen (§ 102 GemO/BW) zur Verfügung stehen, lassen sich nach den Kriterien der wirtschaftlichen und rechtlichen Selbständigkeit unterscheiden:

Rechtsform \ Merkmal	wirtschaftliche Selbständigkeit vorhanden	rechtliche Selbständigkeit vorhanden
Regiebetrieb	nein	nein
Eigenbetrieb/ LHO/BHO - Betrieb	ja	nein
GmbH	ja	ja
AG	ja	ja

Abbildung 27: Rechtsformen in der öffentlichen Verwaltung

Regiebetriebe sind die älteste Betriebsform der öffentlichen Verwaltung. Sie sind rechtlich und wirtschaftlich unselbständige Einrichtungen und führen eine rein kameralistische Einnahmen- und Ausgabenrechnung, die unsaldiert im Trägerhaushalt veranschlagt wird (sog. Bruttoprinzip). Das Betriebsvermögen ist nicht vom sonstigen Vermögen getrennt. Rechtsbeziehungen kommen ausschließlich im Namen der Trägerkörperschaft zustande. Die Betriebsleitung wird i. d. R. von einem weisungsgebundenen Bediensteten der Trägerverwaltung übernommen.

Beim Eigenbetrieb (= verselbständigter Regiebetrieb) handelt es sich um einen wirtschaftlich-organisatorisch verselbständigten Betrieb mit einer kaufmännischen Wirtschaftsführung (kaufmännisches Rechnungswesen). Das Vermögen solcher Einrichtungen ist als Sondervermögen vom übrigen Vermögen der Trägerkörperschaft getrennt. Im Trägerhaushalt schlägt sich nur das saldierte Endergebnis nieder (sog. Nettoprinzip). Verselbstständigte Regiebetriebe lassen sich als kommunale Eigenbetriebe (kommunales Sondervermögen) und als Sondervermögen gemäß § 26 LHO und BHO führen.

In einem Zweckverband (juristische, körperschaftlich organisierte Person des öffentlichen Rechts) kooperieren z. B. Kommunen miteinander, um gemeinsam eine öffentliche Aufgabe besser erfüllen zu können.

Als Gestaltungsvarianten kommen für öffentliche Betriebe auch die des privaten Rechts in Frage. In diesem Zusammenhang wird der Begriff Organisationsprivatisierung verwendet. Dabei handelt es sich aber nur um eine sog. formelle Privatisierung und nicht um eine Vollprivatisierung durch Verkauf an private Eigentümer. Für die Verwendung privatrechtlicher Formen bei der wirtschaftlichen Betätigung der öffentlichen Verwaltung können folgende Gründe ausschlaggebend sein:

- rechtliche und organisatorische Selbständigkeit
- flexiblere Managemententscheidungen
- leistungsorientiertes Personalmanagement
- betriebswirtschaftliches Rechnungswesen
- Zielorientierung
- Gebührenpolitik (Preispolitik)
- Finanzierungsmöglichkeiten
- Steuern

Wegen des Haftungsumfangs sind i.d.R. nur GmbH und AG relevant.

Die Gesellschaft mit beschränkter Haftung (GmbH) ist eine Kapitalgesellschaft mit eigener Rechtspersönlichkeit (juristische Person). Die Haftung ist auf das Gesellschaftsvermögen beschränkt. Die Gesellschafter können die innere Struktur der Gesellschaft vertraglich regeln. Dadurch kann die GmbH durch den Gesellschaftsvertrag so ausgestaltet werden, wie es dem jeweiligen Zweck der Gesellschaft am besten entspricht. Die im GmbHG fixierte formelle Organisationsstruktur (dreistufige Organisationsstruktur) besteht aus Geschäftsführung, Aufsichtsrat (nur vorgeschrieben bei mehr als 500 Arbeitnehmern) und Gesellschafterversammlung. Das Stammkapital muss mindestens 25.000 € betragen. Die GmbH wird als „kleine Schwester der AG" bezeichnet.

Die Aktiengesellschaft (AG) ist laut AktG eine Kapitalgesellschaft mit eigener Rechtspersönlichkeit (juristische Person). Die Aktionäre (Gesellschafter) erwerben ihre Rechte von Anteilen des in Aktien (Nennwert mindestens 1 €) aufgeteilten Grundkapitals (mindestens 50.000 €). Für Verbindlichkeiten der Gesellschaft haftet auch hier nur das Gesellschaftsvermögen. Im Gegensatz zur freien Gestaltung der Gesellschaftsverhältnisse bei der GmbH enthält das Aktiengesetz eine fast erschöpfende Vorgabe, so dass für ergänzende Ausgestaltungen fast kein Raum bleibt. Nach dem AktG hat die Aktiengesellschaft eine der GmbH entsprechende Organisationsstruktur mit Vorstand, Aufsichtsrat und Hauptversammlung. Der Vorstand ist zuständig für die Unternehmensführung, der Aufsichtsrat bestellt und überwacht den Vorstand und die Hauptversammlung ist das „oberste" Willensorgan (Zusammenkunft der Aktionäre) der AG.

Da GmbH und AG auch von nur einem Eigentümer („Ein-Mann-GmbH" und „Ein-Mann-AG") gegründet werden können, sind diese privaten Rechtsformen für kommunale und staatliche Träger von großer Bedeutung.

In der Zwischenzeit gibt es in der öffentlichen Verwaltung auch sog. kombinierte Rechtsformen wie die GmbH & Co. KG. Dabei handelt es sich um eine KG (Personengesellschaft), bei der eine GmbH Vollhafter ist. In der Privatwirtschaft haben haftungs- und steuerrechtliche Gründe zu dieser Mischform geführt.

Ein Wandel vollzieht sich übrigens auch durch die verstärkte Zusammenarbeit zwischen öffentlicher Verwaltung und privaten Unternehmungen (Public Private Partnership = PPP). Man erhofft man sich Synergieeffekte durch Gewinnung von privatem Kapital und Know-how für öffentliche Aufgaben. Daraus können sich aber auch neue Rechtsformkombinationen ergeben.

3. Standortfaktoren

Die Entscheidung über den Standort eines Betriebes (Ort der Leistungserstellung) hat wie die Rechtsformwahl eine strategische Dimension. Das Ziel der Entscheidung ist der optimale Standort. Für diesen Entscheidungsprozess steht eine Reihe von Standortfaktoren zur Verfügung.

3. Standortfaktoren

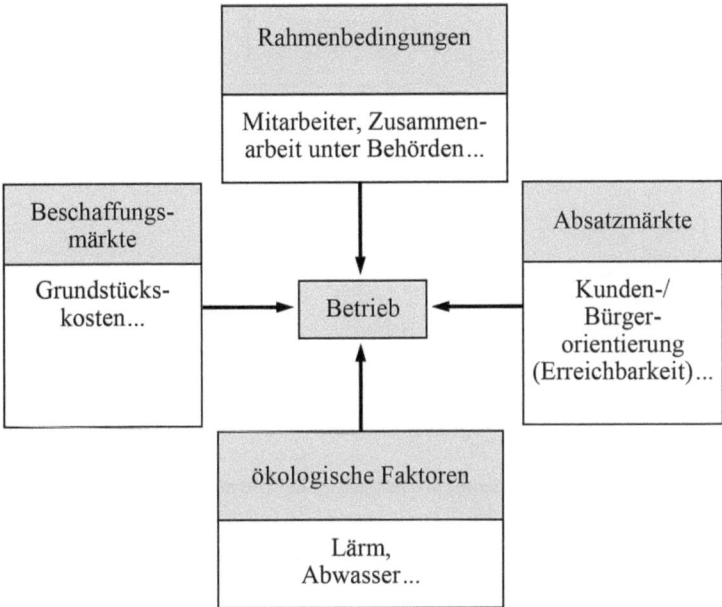

Abbildung 28: Standortwahl in der öffentlichen Verwaltung

Zwei Gründe machen die Standortentscheidung besonders auf der Ebene der Kommunalverwaltung wichtig:

1. Es handelt sich um einen Dienstleistungsbetrieb mit Kundenorientierung, d. h. die Nähe der Standorte zu den Leistungsempfängern (Bürgern, Kunden) ist wichtig (s. Abbildung 29).

2. Die Kenntnis über Struktur und Rangfolge von Standortwünschen privater Unternehmungen ist für die Entscheidungsträger in der öffentlichen Verwaltung bei Betriebsansiedlungen sehr wichtig (Standortmarketing). Gleichzeitig ist diese Orientierung ein wesentlicher Bestandteil kommunaler und staatlicher Beschäftigungspolitik.

Nachstehende Standortfaktoren spielen in der Praxis eine Rolle:

– Dauer der Baugenehmigungsverfahren

– Abgabenbelastung, solide Finanzpolitik

– freundlicher Behördenservice (Kundenorientierung)

– Gewerbeflächen, Verkehrsanbindung, Verkehrssituation

– qualifizierte Arbeitskräfte, Freizeit- und Wohnwert, Umweltsituation

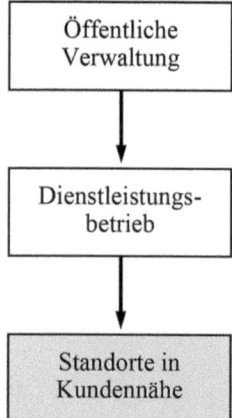

Abbildung 29: Standortentscheidung in der öffentlichen Verwaltung

VII. Zielsystem

1. Überblick

Der Wirtschaftsprozess einer Unternehmung lässt sich in vier zusammenhängenden Elementen erfassen. Diese Struktur gilt für jeden Betrieb.

Wirtschaften muss immer zielorientiert sein (Zielsystem). Die Prozessteile eines Betriebes sind vom Management so zu steuern, dass ein möglichst hoher Zielerreichungsgrad (Effektivität) resultiert. Für diese Steuerung ist das Management zuständig (Managementsystem).

Gegenstand der Steuerung im Betrieb sind der Leistungsprozess (1. Beschaffung, 2. Produktion, 3. Absatz) und der Finanzprozess (= Prozessteile eines Betriebes).

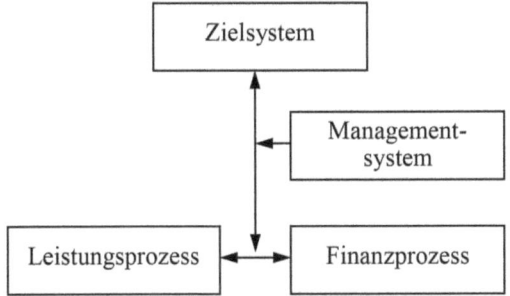

Abbildung 30: Wirtschaftsprozess einer Unternehmung

Die folgenden Kapitel entsprechen dieser grundsätzlichen Struktur.

2. Zielentstehung

In der öffentlichen Verwaltung sind Ziele weitgehend extern vorgegeben, bei privaten Unternehmungen steht die interne Entscheidung beim Zielbildungsprozess im Vordergrund. Gemeinsam ist aber, dass es viele Beteiligte am gesamten Prozess eines Betriebes gibt, die deshalb auch entsprechende Zielansprüche artikulieren.

50 VII. Zielsystem

Interne Zielansprüche an den Betrieb werden von Eigentümern, Management und Mitarbeitern gestellt. Externe Zielansprüche kommen von Kunden, Lieferanten, Kreditinstituten, Staat usw.

Schon diese exemplarische Aufzählung unterschiedlicher Zielansprüche macht die möglichen Konfliktsituationen zwischen den verschiedenen Interessen deutlich.

Zudem dürfen die dominierenden Werthaltungen der maßgeblichen Machtzentren nicht unterschätzt werden. Unter diesen Werthaltungen können ethische Verpflichtungen des wirtschaftlichen Handelns verstanden werden (Unternehmenskultur).

In der modernen Betriebswirtschaftslehre wird von Unternehmensphilosophie gesprochen. In der Praxis wird dies in Leitbildern mit entsprechender Symbolisierung (Corporate Design) zum Ausdruck gebracht.

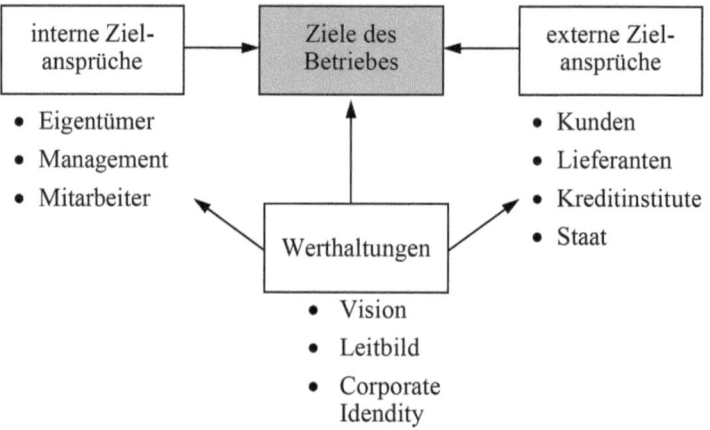

Abbildung 31: Zielentstehung

3. Zieldimensionen

Zur Systematisierung von Zielen sind folgende Unterscheidungen üblich:
- monetäre und nicht-monetäre Ziele
  Monetäre Ziele (Umsatz, Gewinn, Kostendeckung usw.) sind in Geldeinheiten bewertbar (Rechnungswesen). Nicht-monetäre Ziele sind z.B. Imageverbesserung, mehr Kundenfreundlichkeit usw.
- kurz-, mittel- und langfristige Ziele
  Diese Unterscheidung geht vom unterschiedlichen Zeithorizont der Ziele aus.

– Haupt- und Nebenziele
Ziele im Betrieb werden gewichtet und strukturiert. Daraus entsteht eine Zielhierarchie. Hauptziele sind die oberste Zielsetzung (z. B. Imageverbesserung einer Gemeinde). Zur Erreichung des Hauptzieles müssen untergeordnete Ziele (Nebenziele) erfüllt werden (z. B. bessere Öffentlichkeitsarbeit, gezielte Werbung).

4. Zielbeziehungen

Die unterschiedlichen Einflüsse und Machtkonstellationen beim Zielbildungsprozess lassen verschiedene Zielbeziehungen entstehen:

– Zielharmonie
Zwei Ziele können in ihrem Erfüllungsgrad gemeinsam verbessert werden.
Beispiel: Die Verbesserung der kommunalen Infrastruktur führt zur Erhöhung der Steuereinnahmen der Gemeinde.

– Zielkonflikt
Ein höherer Erfüllungsgrad beim Ziel 1 führt zu einer Verschlechterung der Erreichung beim Ziel 2.
Beispiel: eine Ausdehnung kommunaler Gewerbeflächen führt zu Umweltbelastungen

In der Betriebspraxis scheint eine latente Zielkonfliktsituation vorhanden zu sein, die abhängig von der jeweiligen finanziellen Situation aufbrechen kann („Magisches Dreieck"):

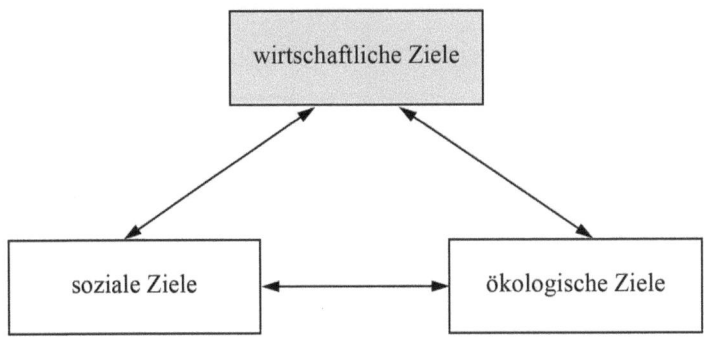

Abbildung 32: Zielbeziehungen – Magisches Dreieck

VIII. Managementsysteme

Das Management hat die Kernaufgabe, den Betrieb zielorientiert zu steuern. Für die Lenkung der komplexen Betriebsprozesse bedarf es der Entwicklung von Leitbildern (längerfristige Orientierung), der gemeinsamen Zielvereinbarung (Kontraktmanagement) mit Mitarbeitern, eines „neuen" Marketing (neben dem externen auch internes Marketing) und der Harmonie zwischen gesellschaftlichen und betrieblichen Wertänderungen. Der dynamische Unternehmer bzw. Manager mit Risikobereitschaft und kreativen Fähigkeiten sind gefragt (Schumpeter).

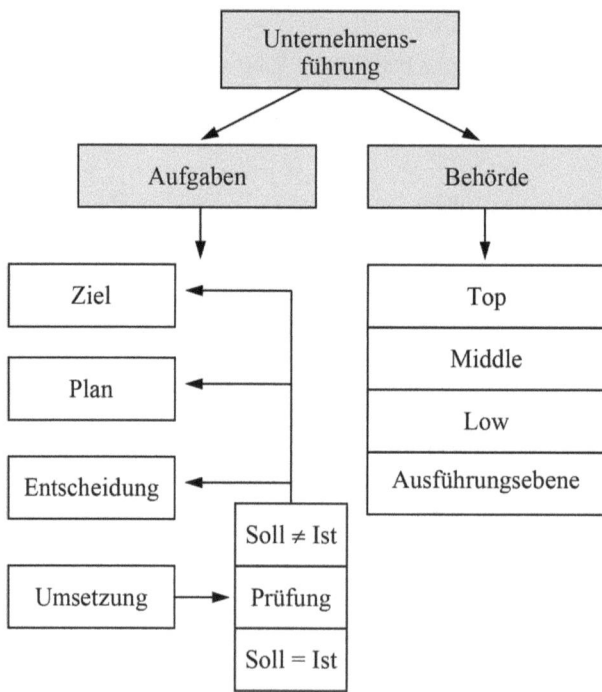

Abbildung 33: Managementfunktionen und Managementebenen

1. Begriff und Merkmale des Managements

Der Begriff Management wird in der modernen Managementliteratur durch die beiden Kriterien Funktion und Institution erfasst. Management als Funktion beschreibt die Aufgabenfelder, die zur zielorientierten Steuerung des Betriebes notwendig sind. Unternehmensführung als Institution stellt die Entscheidungsträger auf den diversen Organisationsebenen dar, die diese Aufgaben erfüllen sollen.

In der Kommunalverwaltung sind z.B. Oberbürgermeister, Bürgermeister das Top-Management usw. Im Rahmen des Lean Managements werden Hierarchieebenen verkleinert oder fallen ganz weg (z.B. Lower-Management – flache Hierarchien).

2. Strategisches und operatives Management

Jede private und öffentliche Organisation braucht eine Vision als Orientierung. *Eine Vision ist die Vorstellung, wie eine Organisation in der Zukunft aussehen soll.* Um eine Vision kommunizierbar zu machen, muss sie in einem Leitbild schriftlich fixiert werden. Im Leitbild wird Antwort gegeben auf die Fragen: Wer sind wir? Was wollen wir? Wie verhalten wir uns? Das Leitbild fixiert den zukünftigen Sollzustand, beschreibt die Unternehmenskultur (Führung, Verhalten, Umgang mit Kunden usw.) und stellt die Orientierung für das strategische Management dar. Im Rahmen des strategischen Managements finden die operativen Aktivitäten statt (operatives Management). Das strategische Management ist Aufgabe der Politik/Verwaltungsspitze, operatives Management ist Angelegenheit der hauptamtlichen Verwaltung. Diese Zusammenhänge sollen am Beispiel einer modern ausgerichteten Stadtverwaltung verdeutlicht werden.

Abbildung 34: Strategisches und operatives Verwaltungsmanagement

3. Entwicklung zur Verwaltungsreform

Lean Management ist ein komplexes System, eine Managementorientierung, die sich ursprünglich aus der japanischen Automobilproduktion entwickelt hat. Ausgangspunkt ist die Studie des Massachusetts Institute of Technology (MIT) über die Automobilindustrie. Von diesem Institut stammt auch der Begriff „Lean Production" (MIT-Forscher John Krafcik). Daraus entwickelte sich Lean Management als Konzept der Unternehmensführung. Zu Beginn der 90er Jahre hat dieses Managementsystem auch in die öffentliche Verwaltung – ursprünglich mit der Bezeichnung Lean Administration – Eingang gefunden.

„Lean" bedeutet schlank oder fit und in diesem Sinne entstanden auf staatlicher und kommunaler Ebene Begriffe wie „schlanker Staat", „Neues Steuerungsmodell" und „Neue Steuerungsinstrumente". International hat sich die Bezeichnung „Public Management" durchgesetzt.

3. Entwicklung zur Verwaltungsreform 55

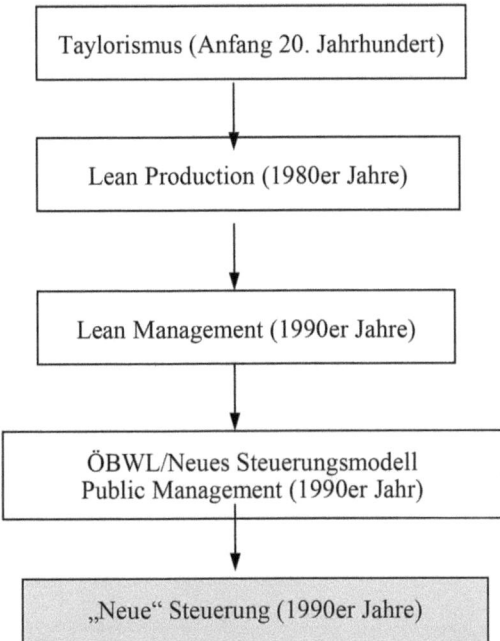

Abbildung 35: Entwicklung zum Managementsystem in der öffentlichen Verwaltung

Lean Production als sog. zweite Revolution in der Automobilindustrie war die Antwort auf die traditionelle Produktions- u. Arbeitsorganisation in Industriebetrieben. Diese traditionelle Produktionsweise basierte auf dem Taylorismus (nach dem amerikanischen Ingenieur F. W. Taylor, 1856–1915). Der Taylorismus geht von der Vorstellung aus, dass u. a. durch organisatorische Verbesserungen (Zerlegung der Arbeitsabläufe, Spezialisierung, Standardisierung und leistungsgerechte Lohnformen) die Leistung des Arbeiters wie die einer Maschine gesteuert und gesteigert werden könne. Taylor nannte sein System „Scientific Management" (Wissenschaftliche Betriebsführung).

Durch eine Studie des Massachusetts Institute of Technology (MIT) entstand das Gegenmodell zum Taylorismus: Lean Production. Gegenstand der fünfjährigen Forschungsarbeit war ein Vergleich in der Automobilindustrie zwischen Japan, USA und Europa.

TAYLORISMUS

- differenzierte Arbeitsteilung
- Fließbandfertigung
- Einfache Produktion
- Austauschbarkeit des Personals
- billige Produktion (von Massengütern)
- hierarchische Betriebsstrukturen
- genaue Tätigkeits- und Kompetenzabgrenzungen
- Prinzip: je länger das standardisierte Produkt hergestellt wird, desto niedriger die Stückkosten

Abbildung 36: Elemente des Taylorismus

Kennzahlen	Werke in Japan	Werke in Europa
Produktivität (Std./Auto)	16,8	36,2
Qualität (Fehler/100 Autos)	60,0	97,0
Fläche (qm/Auto/Jahr)	0,5	0,7
Lagerbestand (für Tage)	0,2	2,0
Ausbildungszeit für neue Arbeiter (Std.)	380,3	173,3
Abwesenheit (%)	5,0	12,1

Abbildung 37: Automobilindustrie im Vergleich

Seit den 1990er Jahren hat sich auch eine Wende in der öffentlichen Verwaltung vollzogen. Die systematisch betriebene Mikroökonomisierung zur Steuerung wirtschaftlicher Aufgaben wird dem Begriff Public Management (PM) zugeordnet.

Lean Management ist die umfassende Anwendung von Lean Production als Konzept der Unternehmensführung:

3. Entwicklung zur Verwaltungsreform

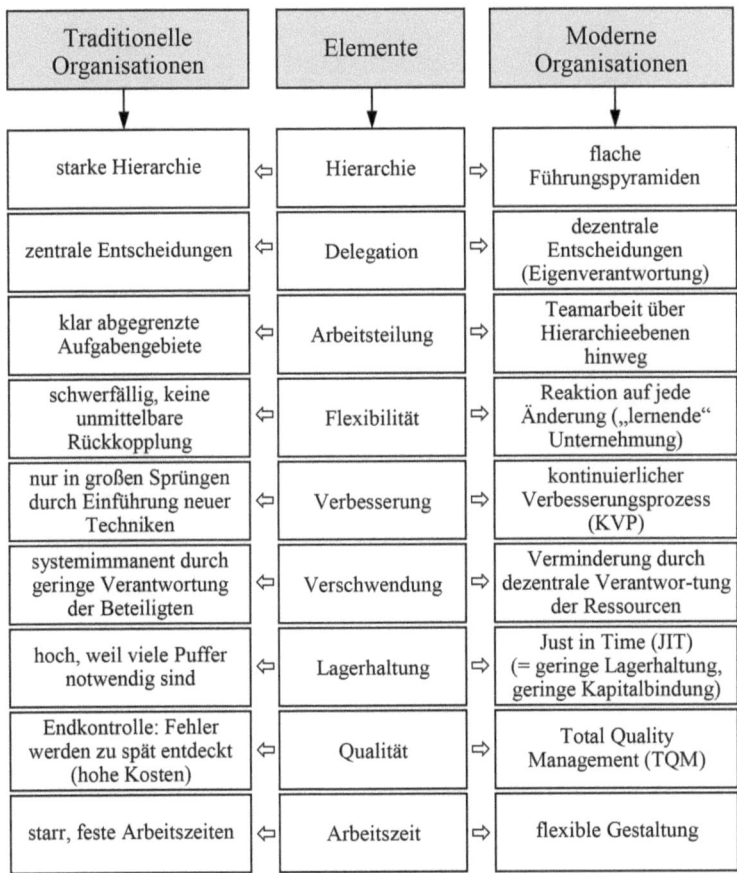

Abbildung 38: Elemente der Unternehmensführung

Die Anwendung dieses Managementsystems in der deutschen öffentlichen Verwaltung führte in den 90er Jahren zum Neuen Steuerungsmodell. Die Kommunale Gemeinschaftsstelle für Verwaltungsvereinfachung (KGSt) hat auf ihrem Forum 1993 entsprechende Reformvorschläge für ein Neues Steuerungsmodell der Kommunen gegeben. Leitbild der Kommunen sollte sein, sich zu einer kundenorientierten Dienstleistungsunternehmung zu entwickeln durch: Binnenmodernisierung (strategisches Management, betriebswirtschaftliche Steuerung, Personalmanagement) und Außenmodernisierung (Wettbewerb, Wettbewerbssurrogate durch Benchmarking).

NEUES STEUERUNGS-MODELL (KGST)

- Binnenmodernisierung

  Produktbeschreibung
  Kostenrechnung Budgetierung
  Kontraktmanagement
  dezentrale Ressourcen-
  verantwortung Berichtswesen
  motivierende Anreizsysteme
  kooperativer Führungsstil

- Außenmodernisierung

  Wettbewerbsorientierung
  Behördenvergleich
  Qualitätsmanagement
  Benchmarking

Abbildung 39: Neues Steuerungsmodell

Im Rahmen zunehmender Wettbewerbsorientierung der öffentlichen Verwaltung sind die Bausteine

- Qualitätsmanagement und
- Benchmarking

von besonderer Relevanz.

Qualitätsmanagement ist ein Ergebnis von Kundenorientierung. Unter Qualität versteht man heute nicht mehr nur die technische Eigenschaft eines Produkts, sondern vor allem die Qualität von Strukturen, Prozessen und Mitarbeitern einer Organisation. In der öffentlichen Verwaltung bedeutet dies, dass für eine ständige Leistungsbereitschaft mit hohen Qualitätsstandards zur Befriedigung der Kundenbedürfnisse gesorgt werden muss. Dieses Ziel kann erreicht werden durch Qualität in allen strategischen Geschäftsfeldern und Prozessen, Verknüpfung zwischen den Geschäftsfeldern und einer aktiven Beteiligung der Mitarbeiter. Um die Kundenerwartungen zu erfüllen, also möglichst fehlerfrei und qualitativ hochwertige Dienstleistungen anzubieten, müssen die Geschäftsprozesse kontinuierlich angepasst werden. Qualitätsmanagement ist eine ganzheitliche, qualitätsorientierte und strategische Steuerung mit dem Hauptziel Steigerung der Dienstleistungsorientierung der Verwaltung.

Benchmarking ist mehr als nur ein Behördenvergleich z. B. über Kosten, sondern es handelt sich um einen Prozess der Verbesserung der eigenen Leistungen durch die

3. Entwicklung zur Verwaltungsreform

> - Orientierung an externen und internen Kunden
> - Mitarbeiterorientierung
> - Geschäftsprozessorientierung (GPO)
> - Prävention (Vermeidung von Fehlern)
> - Kontinuierlicher Verbesserungsprozess (KVP)

Abbildung 40: Fünf Bausteine des Qualitätsmanagements

Orientierung an den Bestleistungen vergleichbarer Organisationen (Best in Class). Es muss jedoch ein kontinuierlicher Prozess sein, weil sich die Konkurrenz ständig verändert und verbessert. Insofern ist es sehr wichtig, dass Selbstzufriedenheit und Routine vermieden werden und die Innovationsfähigkeit nicht verloren geht. Übertragen auf die öffentliche Verwaltung setzt Benchmarking darauf, die beste Problemlösung (Best Practice) für die Verwaltung zu finden. Benchmarking ist wegen der oft fehlenden, eingeschränkten oder gar nicht vorhandenen Wettbewerbssituation in der öffentlichen Verwaltung von großer Bedeutung. Benchmarking-Projekte in der öffentlichen Verwaltung erzielen dann die höchsten Verbesserungspotenziale, wenn eine kompetente Projektgruppe aus verschiedenen Fachbereichen und Hierarchieebenen hervorragende Ergebnisse anderer Verwaltungsorganisationen kennen lernt und bei der Umsetzung in der eigenen Verwaltung aktiv mitwirkt. Das war auch die Verfahrensweise der US-amerikanischen Firma Xerox, die Anfang der 1980er Jahre ein Mitarbeiterteam nach Japan schickte mit dem Auftrag, Verfahren, Produkte und Material der Konkurrenz zu untersuchen.

> - Phase I: Ziele
> - Phase II: interne Analyse
> - Phase III: Liste der Benchmarks
> - Phase IV: Suche nach dem Best-Practice-Anbieter
> - Phase V: Instrumente
> - Phase VI: Umsetzung

Abbildung 41: Benchmarking – Sechs-Phasen-Modell

Benchmarks sind Orientierungsgrößen. Der Präsident der Firma Xerox hat bei der Einführung des Benchmarking formuliert: „Ich brauche einen trigonometrischen

Punkt (engl.: Benchmark), an dem ich mich messen kann, um zu verstehen, wohin ich von hier aus gehen muss."

• Arbeitszufriedenheit
• Wirtschaftlichkeit
• Wartezeiten
• Kundenzufriedenheit
• Anzahl der Beschwerden
• Krankheitsquote
• Fluktuationsrate usw.

Abbildung 42: Beispiele für Benchmarks in der öffentlichen Verwaltung

4. Controlling

Unter dem Begriff Controlling versteht man heute in der privaten Wirtschaft allgemein ein Unterstützungssystem der Unternehmensführung.

Aus der Sicht der praktischen Anwendung in der öffentlichen Verwaltung ist Controlling ein Konzept der ständigen Führungsunterstützung für die politischen Gremien und die Verwaltungsspitze im Sinne einer ergebnisorientierten Steuerung der Verwaltungsorganisation. Es handelt sich dabei um ein Frühwarnsystem, das Abweichungen vom vorgesehenen Verlauf erkennt und sofort Möglichkeiten der Gegensteuerung aufzeigt, um das Gesamtsystem „Verwaltung" zu optimieren.

Verwaltungscontrolling ist ein dynamischer Regelkreis:

Zielfindung – Analyse – Planung – Steuerung – Überwachung

Ein gutes Controllingsystem überwindet die Brüche zwischen den Regelkreiselementen und stellt reibungslose Verknüpfungen her. Controlling wird auch oft mit der Navigation des Führungsprozesses verglichen. Der Controller ist im diesem Sinne der Navigator, das Verwaltungsmanagement der Kapitän.

Verwaltungscontrolling hat drei Aufgabenfelder:

1. Analyse des Umfelds (zukünftige Chancen und Risiken der öffentlichen Verwaltung)

2. Analyse der Verwaltungsorganisation (Stärken und Schwächen der öffentlichen Verwaltung, Erfassung der Erfolgspotenziale)

3. Bereitstellung eines geeigneten Instrumentariums für strategische und operative Zwecke

Man unterscheidet zwischen dem strategischen und operativen Verwaltungscontrolling. Das strategische Verwaltungscontrolling soll die mittel- bis langfristigen Zielorientierungen der öffentlichen Verwaltung sichern (Leitsatz: „Die richtigen Dinge tun.") und konzentriert sich auf langfristige Entwicklungen im Rahmen zukünftiger Veränderungen politischer, gesellschaftlicher und wirtschaftlicher Bedingungen (Controllinghorizont: Effektivität).

Das operative Verwaltungscontrolling ist eher kurzfristig angelegt (Leitsatz: „Die Dinge richtig tun.") und übernimmt die Steuerung der laufenden Verwaltungsprozesse (Controllinghorizont: Effizienz).

Beim Aufbau eines Controllingsystems für die öffentliche Verwaltung sind folgende Bausteine zu beachten:

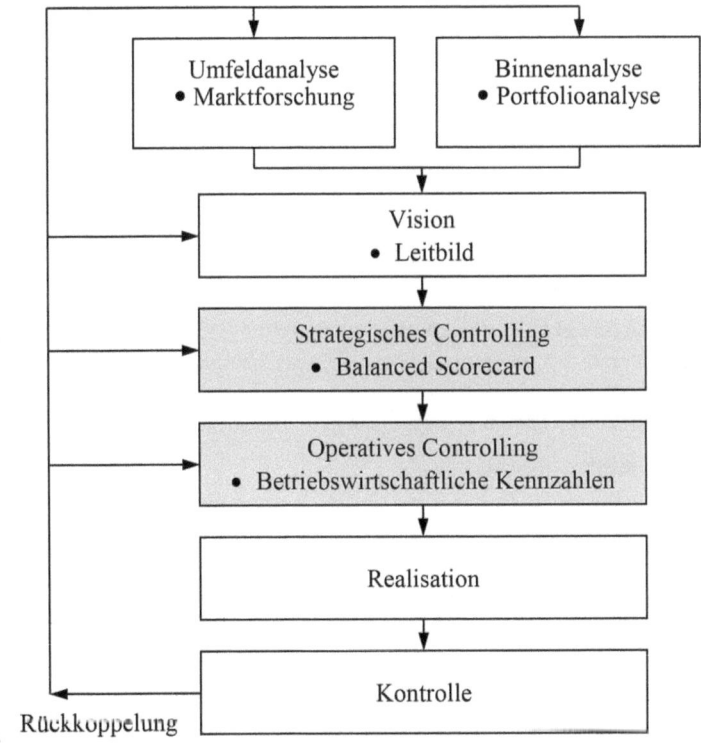

Abbildung 43: Controllingsystem für öffentliche Verwaltungen

VIII. Managementsysteme

Die organisatorische Einbindung der Controllingfunktion geschieht i.d.R. in Form einer Stabsstelle. Stabsstellen dienen der Verbesserung des Führungssystems. Aus der Stabsstelle resultiert keine Weisungsbefugnis, aber Informations- und Planungsfunktion.

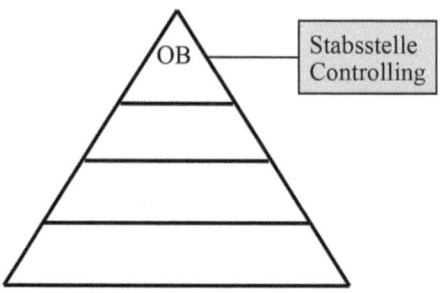

Abbildung 44: Organisatorische Einbindung der Controllingfunktion

Nach dem Aufbau eines Controllingsystems stehen den Entscheidungsträgern in der öffentlichen Verwaltung als Auswahl nachstehende Instrumente zur Verfügung:

Strategische Controllinginstrumente:

– Balanced Scorecard

– Benchmarking und Qualitätsmanagement

– Planungsinstrumente: Produktlebenszyklus, Portfolio-Analyse

– SWOT-Analyse (ist eine Erhebungs- und Darstellungstechnik, bei der Stärken und Schwächen einer Unternehmung anhand einer Checkliste analysiert und in Form eines Stärke/Schwächenprofils dargestellt werden.
  (S = Strengths, W = Weaknesses, O =Oppoortunities, T = Threats)

Operative Controllinginstrumente:

– Betriebswirtschaftliches Rechnungswesen

– Betriebswirtschaftliche Kennzahlen usw.

Bei der *Implementierung von Controllingsystemen* in der öffentlichen Verwaltung ist auf die unbedingte Akzeptanz in den Verwaltungsorganisationen und bei politischen Entscheidungsträgern zu achten. Oft werden Verhaltensänderungen in der Führungsverantwortung und bei Mitarbeitern induziert, die aufgefangen und in Bahnen gelenkt werden müssen. Es ist angezeigt, sinnvolle Einführungs- und Fortentwicklungsstrategien zu entwickeln.

5. Strategisches System: Balanced Scorecard

Im Sportbereich ist eine Scorecard eine Ergebniskarte, auf der die erzielten Ergebnisse eingetragen werden. Ein solches System wurde 1992 von zwei US-Amerikanern, dem Havard-Professor Robert S. Kaplan und dem Unternehmensberater David P. Norton zur strategischen Steuerung privater Unternehmen entwickelt. Der Begriff Balanced Scorecard (nachfolgend: BSC) bedeutet, dass die Ergebniskarte ausgewogen ist. Viele private Unternehmungen werden bis heute ausschließlich mit finanziellen Kennzahlen (z. B. Eigenkapitalrendite, ROI-Analyse, Cashflow) gesteuert. Mit der BSC wird ein strategisches System zur Verfügung gestellt, bei dem die klassischen Finanzkennzahlen durch weitere nicht-monetäre Perspektiven ergänzt werden. Das Ziel ist die Zukunftssicherung des Unternehmens. Neben finanziellen Aspekten müssen auch Geschäftsprozesse, Kundenbeziehungen und Mitarbeiterpotenziale untereinander ausbalanciert werden.

Vision		Strategie
Perspektiven	Grundfragen	Praktische Umsetzung
Finanzen	Wie sollen wir gegenüber Teilhabern auftreten, um finanziellen Erfolg zu haben?	Ziele – Kennzahlen – Vorgaben – Maßnahmen
Kunden	Wie sollen wir gegenüber unseren Kunden auftreten, um unsere Vision zu verwirklichen?	Ziele – Kennzahlen – Vorgaben – Maßnahmen
Interne Geschäftsprozesse	In welchen Geschäftsprozessen müssen wir die Besten sein, um unsere Teilhaber und Kunden zu befriedigen?	Ziele – Kennzahlen – Vorgaben – Maßnahmen
Lernen und Entwickeln	Wie können wir unsere Veränderungs- und Wachstumspotenziale fördern, um unsere Vision zu verwirklichen?	Ziele – Kennzahlen – Vorgaben – Maßnahmen

Abbildung 45. Allgemeines Modell der Balanced Scorecard
(abgewandelt nach Kaplan/Norton)

VIII. Managementsysteme

Die BSC ist mehr als die herkömmlichen Kennzahlensysteme der klassischen Betriebswirtschaftslehre und darf nicht als ein weiteres Berichtssystem verstanden werden, sondern als ein neues strategisches System zur langfristigen Unternehmenssteuerung.

Voraussetzung für die Qualität der BSC ist, dass eine Organisation eine Vision hat, die in einem Leitbild und damit in einer Strategie kommunizierbar abgebildet wird. Vision und Strategie sollten Verknüpfung und Bindeglied der vier Perspektiven sein.

Mit der BSC lässt sich die hohe Komplexität der öffentlichen Verwaltung transparent machen. Die sog. vier Perspektiven von Kaplan und Norton müssen nur auf die Führungsinformationsbedürfnisse von Politik und Verwaltungsspitze umgestellt werden. Wichtig für das Handling der BSC ist, dass jede Perspektive mit konkreten Zielen und Kennzahlen versehen wird. Die Anwendung der BSC wird in der öffentlichen Verwaltung zu erheblichen Verbesserungen im Management führen, weil dieses System helfen kann, die strategische Schwäche zu beheben.

BSC-Perspektiven	Ziel	Kennzahlen
Kunden	Kundenzufriedenheit	Wartezeit, Kundenbindung, Beschwerdequote…
Finanzen	Haushaltskonsolidierung	Verschuldung pro Einwohner, Investitionsrate…
Mitarbeiter	gutes Betriebsklima	Fluktuationsrate, Krankheitsquote…
Wissen/Innovation	innovationsfreudige Organisation	Anzahl der Verbesserungsvorschläge, Teilnahme an Fortbildungsveranstaltungen…
Verwaltungsabläufe (Geschäftsprozesse)	Prozessoptimierung	Zeitverkürzung der Verwaltungsabläufe, Kundenzufriedenheit…

Abbildung 46: Balanced Scorecard für die Öffentliche Verwaltung

6. Strategische Instrumente

Für das strategische Management stehen drei wichtige Instrumente zur Verfügung:
1. Lebenszykluskonzept
2. Kostenerfahrungskurve
3. Portfolio-Analyse

Das *Lebenszykluskonzept* geht davon aus, dass i.d.R. jedes Produkt eine begrenzte Lebensdauer hat und bestimmte Phasen durchläuft:
- Forschungs- und Entwicklungsphase, Einführungsphase
- Wachstumsphase
- Reifephase
- Sättigungsphase bzw. Rückgangsphase

Damit analysiert dieses Instrument schematisch die zeitliche Umsatz-, Kosten-, Gewinn-, und Liquiditätsentwicklung eines Produktes.

Im Rahmen des betriebswirtschaftlichen Rechnungswesens wird das System des Lebenszyklus eines Produkts auch in der Position Abschreibungen deutlich.

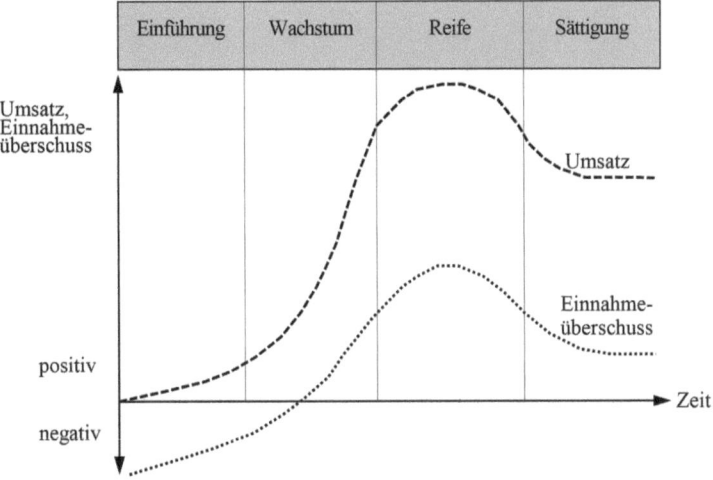

Abbildung 47: Schematische Darstellung des Lebenszykluskonzeptes

Das Produktlebenszykluskonzept liefert wichtige Informationen über
- Produktplanung,
- Produktprogrammplanung (Sortiment/Diversifikation) und
- Finanzmanagement (Gegenfinanzierung ohne Haushaltsmittel, Liquiditätslage)

und ist damit gleichzeitig ein wichtiges Controllinginstrument zur Beurteilung der Markt- und Wettbewerbssituation eines Anbieters.

Dieses Planungsinstrument ist in der Kommunalverwaltung im Freizeit- und Kulturbereich anwendbar. In diesen Produktbereichen ergibt sich eine begrenzte Lebensdauer durch den Bedürfniswandel der Bürger.

Die *Kostenerfahrungskurve* untersucht die Entwicklung der Kosten (K) bei steigender Produktionsmenge/Verwaltungsleistung (x):

$$K = f(x)$$

Die Erfahrungskurve ergibt sich aus empirischen Untersuchungen. Die Produktionskosten je Stück (Stückkosten) nehmen danach mit steigender Ausbringungsmenge (z.B. Verwaltungsleistung) stark ab und vice versa.

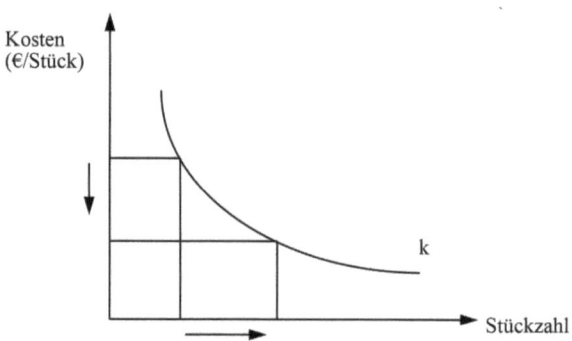

Abbildung 48: Kostenerfahrungskurve

Die Gründe dieses Rückgangs der Stückkosten sind:

- Fixkostendegression (Abnahme der fixen Kosten pro Stück bei steigender Verwaltungsleistung)
- Lerneffekte und Erfahrungen der Mitarbeiter (für sich ständig wiederholende Aufgaben)

Insbesondere die Fixkostendegression ist bei öffentlichen Einrichtungen ein betriebswirtschaftliches Hauptproblem. Nur bei großer Verwendung bzw. Besucherzahl einer öffentlichen Einrichtung ist ein solches Angebot rein betriebswirtschaftlich sinnvoll. Ist die Verwendung (oder Besucherzahl) gering, ergeben sich entsprechend hohe Fixkosten pro Verwendung. Da der Preis der öffentlichen Einrichtung z. B. wegen sozialer Ziele die Kosten pro Verwendung nicht decken kann, entsteht ein Defizit in entsprechender Höhe für die Trägerverwaltung.

Die *Informationen der Lebenszyklusanalyse und Kostenerfahrungskurve werden in der Portfolio-Analyse integriert (integratives Strategieinstrument).* Die Portfoliotechnik kommt aus dem Bankwesen (Wertpapierportfolio, Portfoliomanager). Für die allgemeine Durchsetzung der Portfolio-Analyse als strategisches Planungsinstrument (= strategisches Controlling) der Unternehmensführung zeichnet die Boston Consulting Group (BCG = amerikanische Unternehmensberatungsfirma) verantwortlich. Mit diesem Instrument wird die Angebotspalette einer Unternehmung (= strategische Geschäftsfelder) nach Schlüsselfaktoren (z.B. Marktanteil, Marktwachstum) bewertet. Zweck ist es, eine ausgewogene Kombination strategischer Geschäftsfelder zu gewinnen, damit die Unternehmungsziele noch besser erreicht werden können.

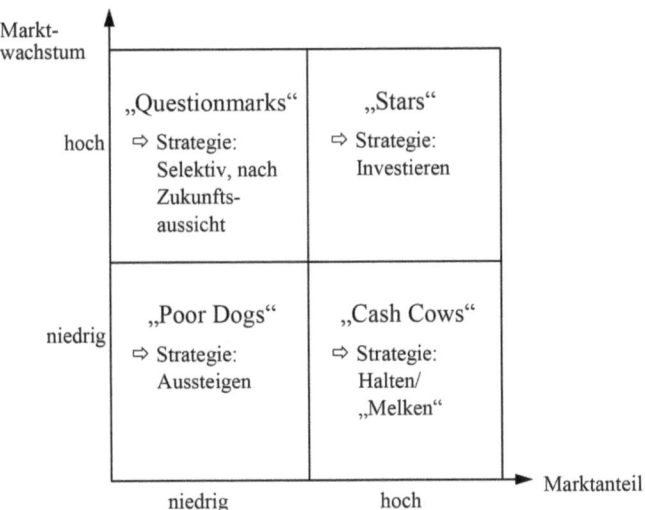

Abbildung 49: Portfolio-Analyse nach BCG

Die Anwendung der Portfolio-Analyse in der öffentlichen Verwaltung nimmt im Rahmen der Aufgabenkritik (Stärken-Schwächen Analyse sowie der Erfassung der Erfolgspotenziale) immer mehr zu:
- grundsätzlich bei der Untersuchung des Leistungsbedarfs und der Notwendigkeit öffentlicher Leistungserstellung

- beim Öffentlichen Personennahverkehr (ÖPNV)
- im Kultur- und Freizeitbereich
- im Gesundheitswesen (z. B. Krankenhausportfolio) usw.

Wichtig ist, dass die Entscheidungsträger in der öffentlichen Verwaltung aus den heterogenen Verwaltungsleistungen strategische Leistungsgruppen (= strategische Geschäftsfelder) bilden und diese nach entsprechenden Schlüsselfaktoren analysieren. Ziel der Portfolio-Analyse ist, die Strategiefindung für das Verwaltungsmanagement zu unterstützen, insbesondere der Ausgleich von Haushaltsmitteln zwischen konkurrierenden Leistungsbereichen unter übergeordneten Gesichtspunkten. Ein allgemeines Beispiel für eine mögliche Portfolio-Analyse soll dies verdeutlichen:

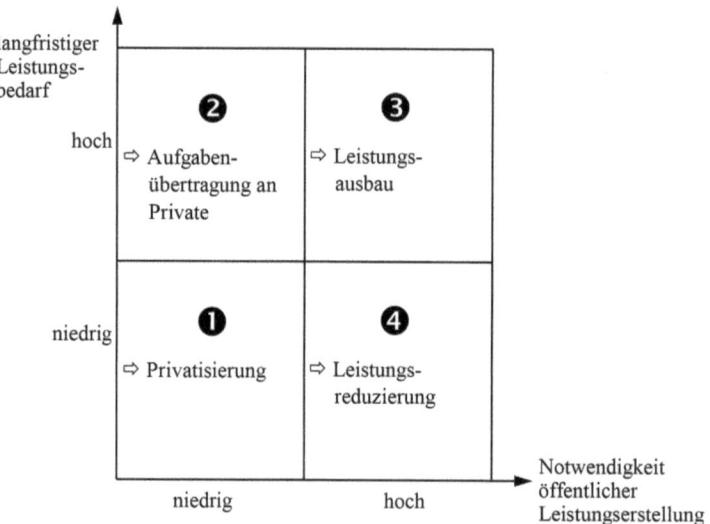

Abbildung 50: Portfolio-Analyse zur Planung von Verwaltungsleistungen

Das Verwaltungsmanagement hat aufgrund der Portfolio-Analyse die strategischen Entscheidungen darüber zu treffen, welche Verwaltungsleistungen zu fördern bzw. welche aus dem Markt zu nehmen sind. Wichtig ist, zu beachten, dass es sich bei der Portfolio-Analyse nicht um ein starres, sondern prozessorientiertes Planungsinstrument handelt, d. h. aus „Fragezeichen" von heute können „Stars" von morgen werden. Die Entscheidungsträger müssen bei der Strategiewahl grundsätzlich sicherstellen, dass die Zukunft der öffentlichen Verwaltung gesichert ist, mutatis mutandis die jeweilige aktuelle finanzielle Situation einer Gebietskörperschaft.

IX. Betriebliche Leistungsprozesse

1. Überblick: Leistungsprozess und Wertschöpfungskette

Ein Betrieb besteht aus zwei Prozessteilen:
- Leistungsprozess und
- dem daraus resultierenden Finanzprozess.

Der Leistungsprozess beinhaltet drei Teile:
- Beschaffung
- Produktion
- Absatz

Diese Bereiche sind verbunden durch die Wertschöpfung (Wertschöpfungsfluss, Wertschöpfungskette). *Die Bedeutung negativer Auswirkungen gestörter Wertschöpfungsketten für die Gesamtwirtschaft kann man gegenwärtig bei der Corona-Pandemie weltweit feststellen.*

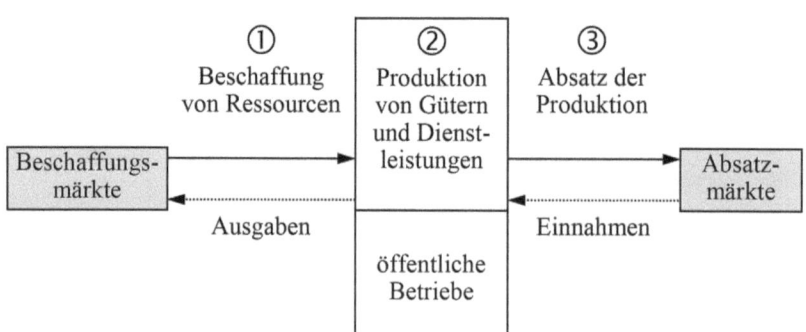

Abbildung 51: Leistungsprozess in der öffentlichen Verwaltung

Die Differenz zwischen Leistung (insbesondere Umsatzerlöse) und den zugekauften Vorleistungen (verbrauchte Leistungen anderer Betriebe) einer Unternehmung ist die Wertschöpfung (value added). Der Wert dieser Wertschöpfung steht dem Betrieb als Verteilungsmasse zur Verfügung. Die an der betrieblichen Wertschöpfung Beteiligten (Mitarbeiter, Kreditgeber, Staat, Eigentümer) erhalten im Rahmen des

Verteilungsprozesses ihre Anteile (Gehälter, Zinsen, Steuern, Gewinn). Die Anteile von Mitarbeitern, Kreditgeber und Staat an der Wertschöpfung sind vertraglich bzw. rechtlich bestimmt. Den Eigentümern bleibt als sog. Residualeinkommen der Gewinn. Die Wertschöpfung ist der Maßstab für die Leistungskraft einer Unternehmung. Für die Unternehmenssteuerung ist die Wertschöpfungsrechnung von großer Bedeutung.

Ein Beispiel soll diesen Zusammenhang verdeutlichen:

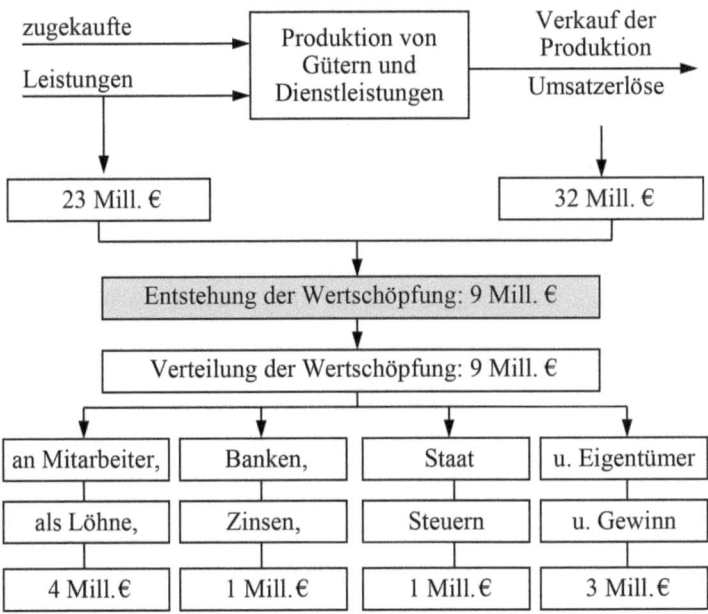

Abbildung 52: Betriebliche Wertschöpfungsrechnung

Die Addition der Wertschöpfungen aller Unternehmungen in einer Volkswirtschaft ergibt den Wert: Bruttoinlandsprodukt.

2. Beschaffung

Die Kette der betrieblichen Wertschöpfung beginnt mit der Beschaffung. Beschaffung ist die Bereitstellung nicht selbsterzeugter Produktionsfaktoren für den betrieblichen Wertschöpfungsprozess. Eine wichtige Managemententscheidung im Vorfeld der Beschaffung in der öffentlichen Verwaltung betrifft die Alternative:

⇨ Eigenfertigung oder Fremdbezug – make or buy

Die Antwort auf diese Frage hängt von der Bedeutung der Beschaffungsziele ab:

Einzelwirtschaftliche Ziele: Kosten, Qualität, Lieferfähigkeit, Versorgungssicherheit, Kapitalbindung, Liquidität etc.

Gesamtwirtschaftliche Ziele: wettbewerbs- und strukturpolitische Aspekte, Beschäftigung, Umweltschutz, Stabilisierung der Konjunktur usw.

Bei der Entwicklung einer Beschaffungsstrategie sind folgende Entscheidungskriterien zu beachten:

⇨ Was?   → Bedarf genau definieren
⇨ Wie viel?   → „optimale" Bestellmenge
⇨ Woher?   → Auftrag erteilen (Lieferantenauswahl)
⇨ Wann?   → Zeitpunkt, Zeitraum

Bei der Beschaffung in der öffentlichen Verwaltung sind besondere Aspekte zu beachten. Die öffentliche Verwaltung hat im Rahmen ihrer Beschaffungspolitik eine spezielle Verantwortung, da sie eine Marktmacht als Nachfrager entwickeln kann. Gründe dafür können der Umfang bzw. die Einzigartigkeit der Beschaffung sein.

Deshalb ist ein bestimmtes Vergabeverfahren bei der Beschaffung in der öffentlichen Verwaltung vorgeschrieben (z.B. § 55 BHO, § 55 LHO/BW, § 31 GemHVO/BW). Mit der öffentlichen Ausschreibung will man die Wirtschaftlichkeit bei der Beschaffung und deren Überprüfbarkeit sicherstellen. Grundsätze der Vergabe von Aufträgen ergeben sich aus VOB und VOL (Verdingungsordnung für Bauleistungen bzw. Leistungen, ausgenommen Bauleistungen). Aus diesen Verdingungsordnungen können zudem die Beschaffungsziele für die öffentliche Verwaltung formuliert werden.

3. Produktion und Kostenkategorien

Produktion ist die Kombination von Produktionsfaktoren zur Erstellung von Leistungen der öffentlichen Verwaltung. Betriebliche Leistungen sind Güter (Bsp.: Straßen) und Dienstleistungen (Bsp.: Baugenehmigung).

Die Kombination der Produktionsfaktoren hängt von der Art des Betriebes und der Strategie des Managements ab. So hat die öffentliche Verwaltung traditionell eine hohe Personalintensität, d.h. der Produktionsfaktor Personal wird besonders intensiv im Produktionsprozess eingesetzt.

3. Produktion und Kostenkategorien

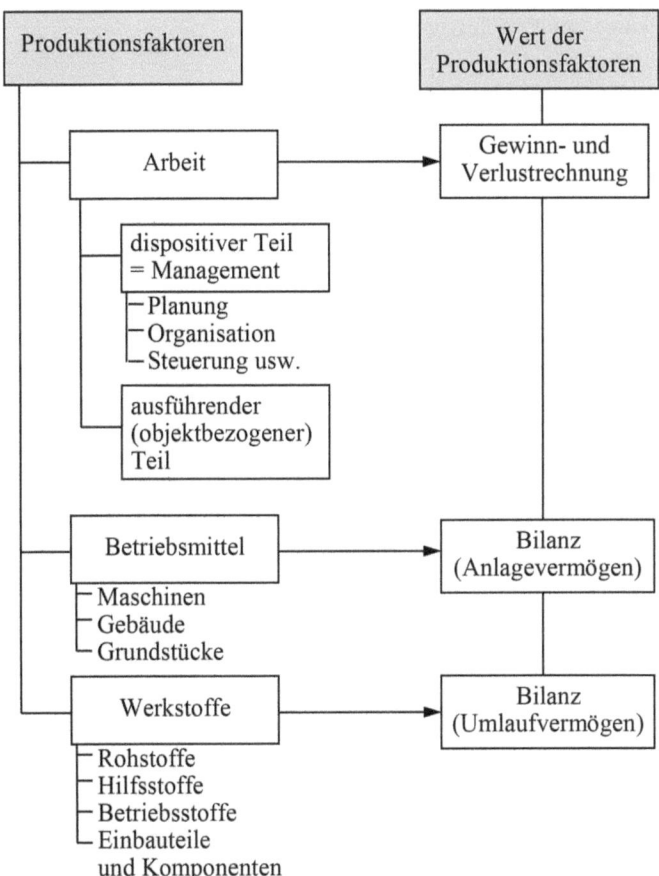

Abbildung 53: Betriebliche Produktionsfaktoren und ihre Werterfassung

Der Kern der Verwaltungsreform ist der Weg

von der Inputsteuerung: zentrale Verteilung von Ressourcen aus dem Haushalt

zur Outputsteuerung: die Bildung dezentraler Produktbudgets.

Ein Produkt ist eine Verwaltungsleistung (Beispiel: EDV-Dienstleistung), die innerhalb oder außerhalb der Verwaltung (interne und externe Kunden) benötigt wird und für die in der Regel ein Preis zu zahlen ist.

Bei der Entwicklung einer Produktstrategie in der öffentlichen Verwaltung sind folgende Entscheidungskriterien zu beachten:

- Innovation
  Entwicklung und Einführung neuer Produkte
- Variation
  Veränderung bereits eingeführter Produkte
- Eliminierung
  Aussonderung von Produkten, Programmbereinigung
- Programm
  Zusammenstellung der Produkte (Sortiment/Diversifikation)

Im Zielsystem bei der Produktion von Verwaltungsleistungen sind nachstehende Kriterien zu berücksichtigen:

- Kosten eines Produkts (z. B. Eheschließung)
- Qualität (TQM)
- maximale Kapazitätsauslastung
- Minimierung der Durchlaufzeiten
  (kundenorientierte Prozessoptimierung)
- Flexibilität (Reaktion auf Änderung der Nachfrage)
- Umwelt (z. B. Öko-Audit der Europäischen Union)

In der öffentlichen Verwaltung sind der Nachholbedarf im Bereich Kostenerfassung und der Einsatz von modernen Kostenrechnungsverfahren groß. Die Einführung der Kosten- und Leistungsrechnung als ein betriebswirtschaftliches Steuerungselement in der öffentlichen Verwaltung ist ein wichtiger Baustein des Neuen Steuerungsmodells.

Ausgangspunkt der Kostenrechnung ist die vollständige Erfassung aller in der Verwaltung anfallenden Kosten (Kostenartenrechnung). Ausgangsbasis dafür können die Haushaltsrechnung bzw. die Finanzbuchhaltung sein. Daran anschließend sind die Kosten auf die Verwaltungsstellen (z. B. ein Amt) zu verteilen (Kostenstellenrechnung). In der dritten Stufe werden die Kosten den Produkten zugeordnet (Kostenträgerrechnung). Nur mit der betriebswirtschaftlichen Kostenrechnung lassen sich Kostenbewusstsein und Kostentransparenz bei den Mitarbeitern und den Bürgern erzielen. Dies bedeutet natürlich auch einen „Abschied" von den Steuerungsdefiziten der kameralistischen Rechnungslegung.

Im Mittelpunkt für die Entscheidungsträger in der öffentlichen Verwaltung muss daher die Frage stehen:

⇨ Was kostet das Verwaltungsprodukt einer Behörde?

Die Entwicklung der Kosten hängt ganz wesentlich vom Umfang der Produktion (Verwaltungsleistungseinheiten) ab.

3. Produktion und Kostenkategorien

Betriebswirtschaftlich muss untersucht werden, wie die Verwaltungskosten (K) vom Umfang der Verwaltungsleistung (x) abhängen. Die Funktion lautet:

$$K = f(x)$$

Aus diesem Ursache-Wirkungs-Zusammenhang ergeben sich die Kostenbegriffe (= Kostenarten):

- absolut fixe Kosten (K_f)
  alle Kosten, die unabhängig vom Umfang der Verwaltungsleistungseinheiten anfallen (Bsp.: Mietkosten)
- sprungfixe Kosten (K_f)
  Kosten, die z.B. für einen bestimmten Zeitraum konstant sind (Bsp.: tarifvertraglich fixierte Personalkosten)
- variable Kosten (K_v)
  Kosten, die sich mit dem Umfang der Verwaltungsleistungseinheiten verändern
    - proportionale Veränderung der Kosten (Bsp.: Materialkosten)
    - progressive Veränderung der Kosten (Bsp.: Reparaturkosten bei starker Kapazitätsauslastung)
    - degressive Veränderung der Kosten (Bsp.: Materialkosten bei Gewährung von Mengenrabatt)
- Gesamtkosten (K)
  $K = K_f + K_v$
- Stückkosten (k)
  Kosten je Verwaltungsleistungseinheit
- Grenzkosten (K')
  Kostenzuwachs bei Ausdehnung der Verwaltungsleistung $= \left(K' = \dfrac{dK}{dx} \right)$

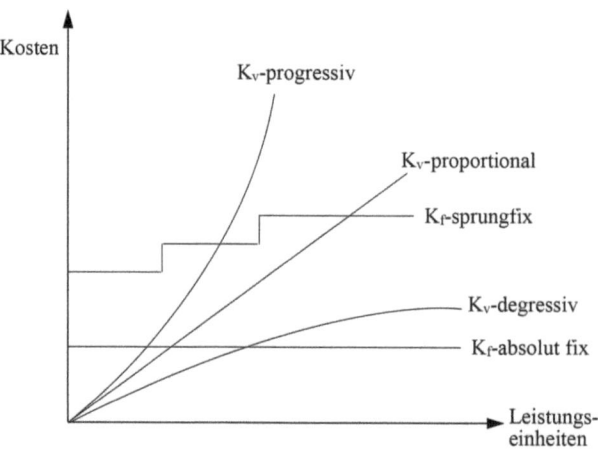

Abbildung 54: Kosten in Abhängigkeit vom Umfang der Verwaltungsleistungseinheiten

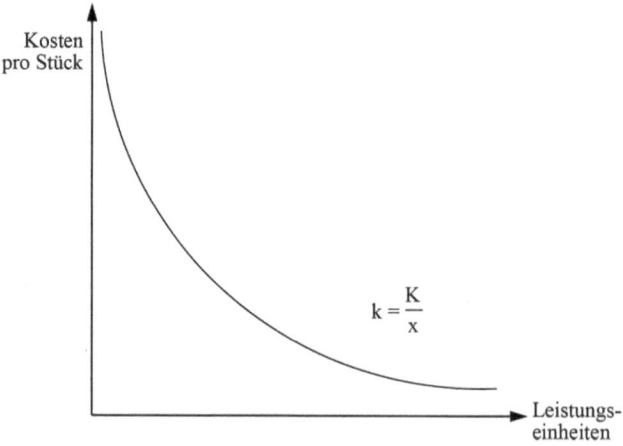

Abbildung 55: Stückkosten (Kosten pro Verwaltungsleistungseinheit)

Zu einer Entscheidungsfindung über eine Ausdehnung oder Reduzierung des Angebots von Verwaltungsleistungen müssen die Grenzkosten mit den zusätzlichen Einnahmen (Grenzeinnahmen, Grenzumsatz) ins Verhältnis gesetzt werden. So führt z. B. die Ausdehnung der Öffnungszeit eines kommunalen Bürgeramts zu zusätzlichen Kosten (Personalkosten, kalkulatorische Mietkosten usw.), die aus betriebswirtschaftlicher Sicht mit den zusätzlichen Gebühreneinnahmen verglichen werden

3. Produktion und Kostenkategorien 77

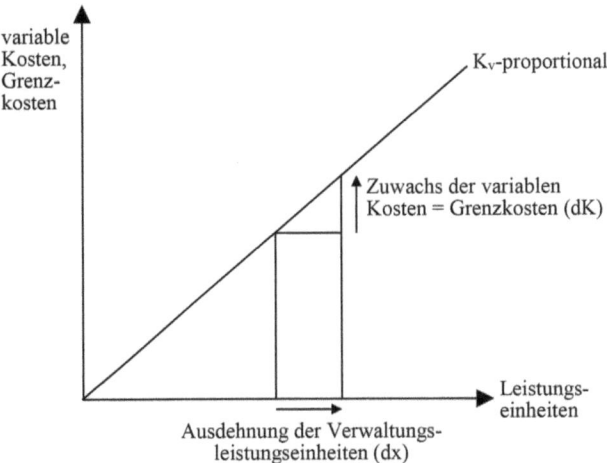

Abbildung 56: Grenzkosten (Kostenzuwachs bei Ausdehnung
der Verwaltungsleistungseinheiten)

müssen. Nur so kann festgestellt werden, ob die Ausdehnung der Öffnungszeit sich selbst finanziert oder neue Defizite für die Kommune entstehen.

In der öffentlichen Verwaltung ist es zunehmend wichtiger geworden, in welchem Umfang die Verwaltungskosten durch entsprechende Einnahmen finanziert werden können?

Mit der Break-even-Analyse wird ein kritischer Kostenpunkt erfasst. Im Break-even-Punkt werden die Gesamtkosten durch die Einnahmen/Umsatzerlöse voll finanziert. Nach diesem Punkt beginnt die Gewinnzone. Die jeweiligen Deckungsbeiträge (Differenz zwischen Gebühreneinnahmen und variablen Kosten) zur Finanzierung der Fixkostenblöcke (öffentlicher Einrichtungen) sind eine weitere wichtige Information. Darüber hinaus ist die Break-even-Analyse ein Marketinginstrument im Rahmen des Preismanagements.

78 IX. Betriebliche Leistungsprozesse

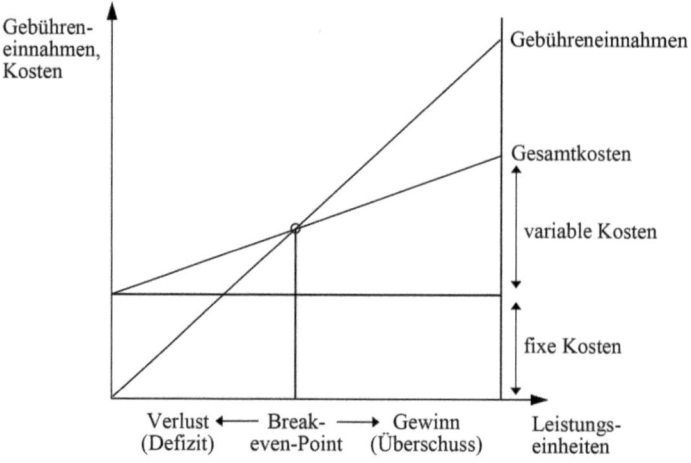

Abbildung 57: Break-even-Analyse

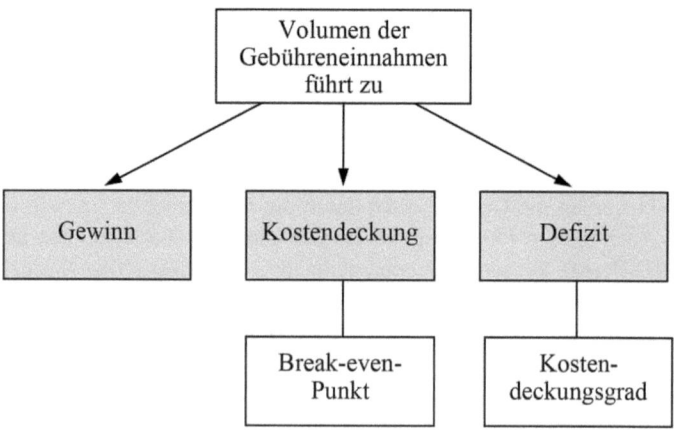

Abbildung 58: Verhältnis zwischen Kosten und Gebühreneinnahmen

Öffentliche Einrichtung	Kostendeckungsgrade in v.H. (auf- und abgerundete Angaben)
Abwasserbeseitigung	99
Abfallentsorgung	93
Straßenreinigung	79
Musikschulen	34
Volkshochschulen	33
Freibäder	29
Hallenbäder	27
Theater	11
Kindergärten	11
Büchereien	5

Abbildung 59: Kostendeckungsgrade öffentlicher Einrichtungen
(Quelle: verschiedene Gemeindefinanzberichte)

4. Absatz und Marketing

Ein Exkurs über Markt und Preisbildung soll zunächst die Grundlagenkenntnisse für Entscheidungsprozesse im Bereich Absatz und Marketing liefern. Folgende Standartthemen der Wirtschaftswissenschaften werden im Überblick dargestellt:

– Marktformen

– Nachfrage- und Angebotsanalyse

– Preisbildung

– Preiselastizität

– Preisdifferenzierung

Ein Markt entsteht grundsätzlich dann, wenn Angebot und Nachfrage zusammentreffen. Der Markt ist das Organisationsprinzip des Güter- und Dienstleistungsaustauschs in einer arbeitsteiligen Marktwirtschaft. In der Praxis gibt es eine Vielzahl von Märkten, die man nach bestimmten Kriterien strukturieren kann (Markttypologie):

– nach der Güterart:
  Konsumgüter-, Investitionsgüter- und Dienstleistungsmärkte

– nach sachlichen Kriterien:
  Güter-, Arbeits-, Geld- und Kreditmärkte

– nach betrieblichen Funktionen:
  Beschaffungs- und Absatzmärkte

80 IX. Betriebliche Leistungsprozesse

- nach der Machtsituation:
  Käufer- und Verkäufermärkte
- nach der Anzahl der Marktteilnehmer auf der Angebots- und Nachfrageseite

Nachfrager Anbieter	einer (monopolistisch)	wenige (oligopolistisch)	viele (polypolistisch)	
einer (monopolistisch)	bilaterales Monopol	beschränktes Angebotsmonopol	Angebots- monopol	1
wenige (oligopolistisch)	beschränktes Nachfragemonopol	bilaterales Oligopol	Angebots- oligopol	3
viele (polypolistisch)	Nachfrage- monopol 2	Nachfrage- oligopol	bilaterales Polypol	4

1 = öffentliche Verwaltung auf dem Absatzmarkt
2 = öffentliche Verwaltung auf dem Beschaffungsmarkt
3 = private Unternehmungen als Anbieter
4 = Idealbild (größte Wettbewerbsintensität)

Abbildung 60: Marktformenschema

Bei der Nachfrageanalyse interessieren im Rahmen des Marketing die Einflussfaktoren auf das Käuferverhalten (= Marktforschung):

- Preis des Gutes und anderer Güter
- Bedürfniswandel
- Einkommenssituation   } ökonomische Einflüsse
- Vermögenssituation
- Status   } sozialpsychologische
- Prestige usw.   Einflüsse

Durch Modellbildung (Abstraktionsverfahren) gelangt man zur traditionellen Nachfragefunktion unter Berücksichtigung der Ceteris-Paribus-Klausel.

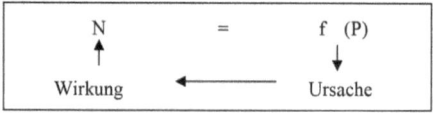

$$N = f(P)$$
Wirkung ← Ursache

Abbildung 61: Nachfragefunktion

Eine Preisänderung verursacht eine entsprechende Nachfragereaktion. Unterstellt man rationales Verhalten, kann man davon ausgehen, dass bei einer Preiserhöhung *ceteris – paribus* – die Nachfrage nach einer Leistung abnimmt.

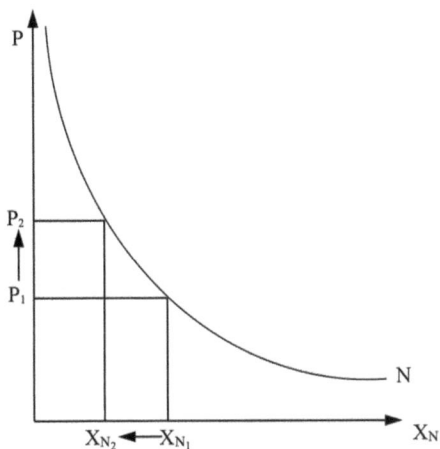

Abbildung 62: Darstellung der Nachfragefunktion
(P = Preis, x_N = Nachfragemenge)

Aus der Sicht des Anbieters ist die Nachfragefunktion eine Preis-Absatz-Funktion, weil alle Punkte auf der Nachfragekurve bestimmte Preis-Absatz-Kombinationen für die Unternehmung darstellen.

Bei der Angebotsanalyse sind folgende Bestimmungsfaktoren zu berücksichtigen:

Die Angebotsfunktion (Modellbildung) stellt analog zur Nachfragefunktion den Zusammenhang zwischen Preis und Angebotsmenge dar:

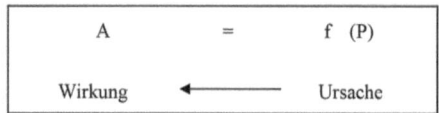

Abbildung 63: Angebotsfunktion

Eine Preiserhöhung verursacht eine Zunahme der Angebotsmenge, weil sich daraus eine Gewinnsteigerung für die Unternehmung ergeben kann.

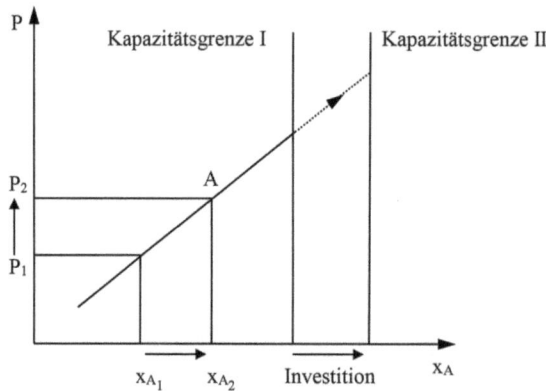

Abbildung 64: Darstellung der Angebotsfunktion (x_A = Angebotsmenge)

Durch den Markt werden Angebot und Nachfrage koordiniert; es resultieren Preisbildungsprozesse. Formal kann diese Preisbildung durch das Zusammenführen von Angebots- und Nachfragekurve verdeutlicht werden (s. Abbildung 65).

Die unterschiedlichen Gebührenstrategien in der öffentlichen Verwaltung

– Gewinnerzielung,

– Kostendeckung und

– Defizit (über Kontraktmanagement)

können sehr übersichtlich in einem Schaubild durch die Nachfrage- (Preis-Absatz-Funktion) und die Stückkostenkurve dargestellt werden (s. Abbildung 66).

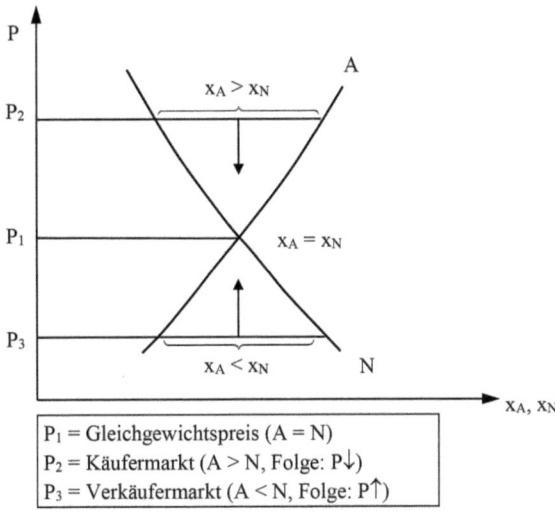

Abbildung 65: Marktpreissituation

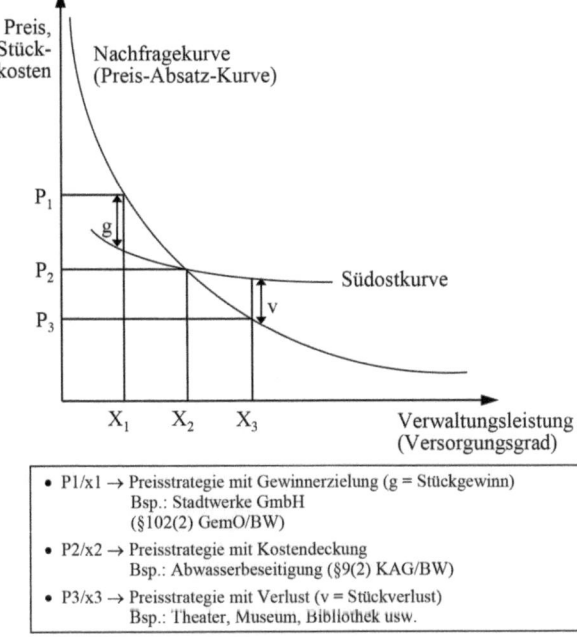

Abbildung 66: Preissituationen in der öffentlichen Verwaltung

Zur Einschätzung der Umsatzentwicklung öffentlicher Einrichtungen müssen die Entscheidungsträger wissen, wie sich der Kunde (Bürger) bei Preisänderungen verhält. Dieser Zusammenhang wird mit den Elastizitätskennzahlen gemessen.

Die direkte Preiselastizität der Nachfrage ist die entsprechende Kennzahl zur Beurteilung des Nachfrageverhaltens. Man untersucht das Ausmaß einer relativen Mengenänderung bei der Nachfrage (Wirkung) aufgrund einer relativen Preisänderung (Ursache).

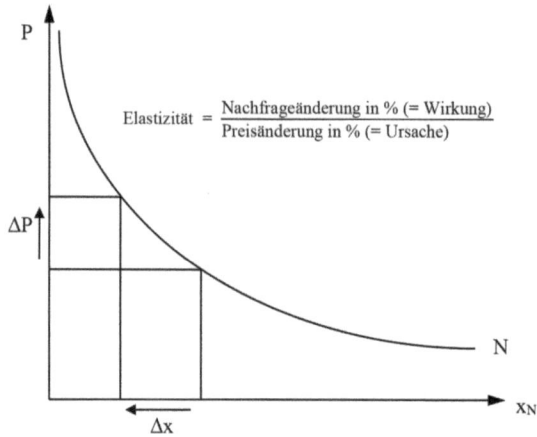

Abbildung 67: Direkte Preiselastizität der Nachfrage

Ist die relative Mengenänderung größer als die relative Preisänderung handelt es sich um eine elastische Nachfragereaktion (Wert über 1). Eine unelastische Nachfragereaktion ergibt sich, wenn die relative Mengenänderung kleiner als die relative Preisänderung ist (Wert unter 1).

Unelastische Nachfragereaktionen sind im Bereich der öffentlichen Verwaltung vorherrschend (Bsp.: Abwasserbeseitigung). Es gibt aber auch eine Reihe von elastischen Nachfragereaktionen (Bsp.: Kultur- und Freizeitsektor).

In extremen Fällen ist die Nachfrage vollkommen unelastisch, d.h. sie reagiert überhaupt nicht auf Preisänderungen (Bsp.: Gebührenänderung beim Personalausweis). Vollkommen elastische Nachfrage bedeutet, dass die Nachfragemenge bei einer Preiserhöhung (oder grundsätzlich einer Gebühreneinführung) auf Null sinkt (Bsp.: Einführung eines Eintrittspreises in ein Museum).

Einige öffentliche Beispiele sollen diese Zusammenhänge in Abbildungen verdeutlichen:

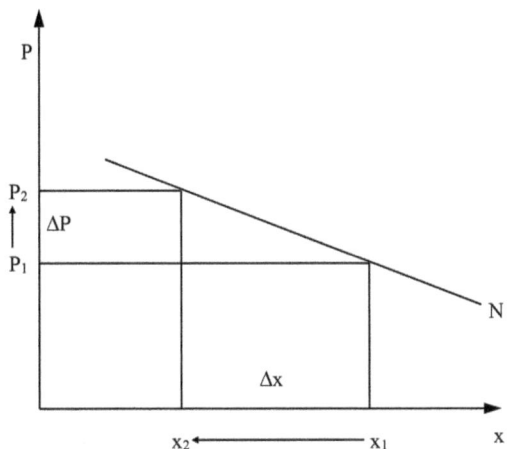

Abbildung 68: Elastische Nachfrage bei Kulturveranstaltungen

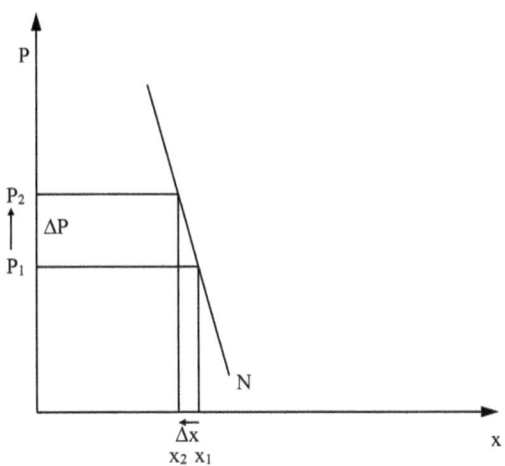

Abbildung 69: Unelastische Nachfrage bei Wasser

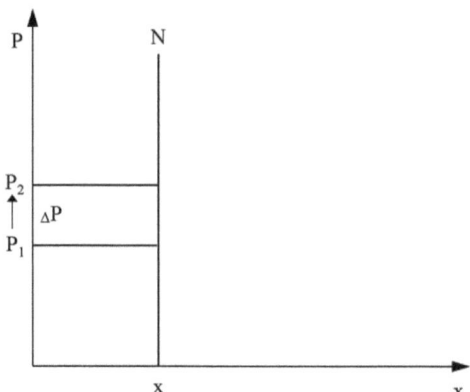

Abbildung 70: Vollkommen unelastische Nachfrage bei Personalausweisen

Die Kenntnis der Elastizitäten (= Information über das Kundenverhalten) ist wegen der Einnahmewirkung und der Durchsetzung politischer Ziele (Mineralölsteuer und Umweltziel) von großer Bedeutung. Über Gebührenveränderung kann man betriebswirtschaftlich nur rational entscheiden, wenn man aufgrund der vorherrschenden Elastizitäten auf dem Absatzmarkt weiß, wie sich z.B. eine Gebührenerhöhung auf die Umsatzerlöse ($U = P \cdot x$) auswirkt. Beispiel: Erwirtschaftet eine öffentliche Einrichtung ein Defizit und will sie diese wirtschaftliche Situation durch eine Gebührenerhöhung verbessern, so muss man vor dieser Managemententscheidung wissen, ob mit einer unelastischen Nachfragereaktion gerechnet werden kann.

Die Kreuzpreiselastizität der Nachfrage gibt an, um wie viel Prozent sich die nachgefragte Menge nach dem Gut 1 ändert (Wirkung), wenn der Preis des Gutes 2 erhöht wird (Ursache). Diese Kennzahl untersucht das Nachfrageverhalten bei substituierbaren (Bsp.: alternative Verwendung von Verkehrsmitteln oder Energieträgern) und komplementären (Bsp.: Besuch von Kulturveranstaltungen/ÖPNV) Gütern und Dienstleistungen.

Schließlich kann auch die Beziehung zwischen relativer Einkommensänderung (Ursache) und Nachfragereaktion (Wirkung) als Elastizität dargestellt werden (Einkommenselastizität der Nachfrage). Dabei ist die Erkenntnis interessant, welche öffentlichen Güter und Dienstleistungen der Bürger z.B. bei steigendem Einkommen mehr bzw. weniger nachfragt (Bedürfniswandel).

Die Preisdifferenzierung ist eine übliche Strategie, bei der homogene (gleichartige), öffentliche Güter und Dienstleistungen zu unterschiedlichen Preisen angeboten werden. Dabei sind die Preisdifferenzierungen nicht durch unterschiedliche Produktionskosten bedingt.

Beim privaten Angebot ist das Ziel der Preisdifferenzierung, durch Bildung von Teilmärkten den Gewinn zu erhöhen. Der öffentliche Anbieter verfolgt mit der Preisdifferenzierung soziale (personelle Preisdifferenzierung), aber durchaus auch betriebswirtschaftliche Zielsetzungen (zeitliche Preisdifferenzierung).

Folgende Arten der Preisdifferenzierung werden unterschieden:

- räumliche Preisdifferenzierung
  Beispiele: verschiedene Tarife je nach Region, Benzinpreise
- zeitliche Preisdifferenzierung
  Beispiel: Eintrittspreise bei öffentlichen Einrichtungen
- personelle Preisdifferenzierung
  Beispiel: Eintrittspreise bei öffentlichen Einrichtungen
- mengenmäßige Preisdifferenzierung
  Beispiel: Jahreskarte beim Hallenbad

Der Absatz ist die letzte Phase der betrieblichen Wertschöpfungskette. Der Leistungsprozess ist mit diesem Teil abgeschlossen. Die Funktion des Absatzes besteht in der Verwertung der betrieblichen Leistungen (= Verkauf von Gütern und Dienstleistungen). Damit wird der Rückfluss der im Betrieb eingesetzten finanziellen Mittel in Gang gesetzt und die Fortsetzung von Beschaffung und Produktion gewährleistet.

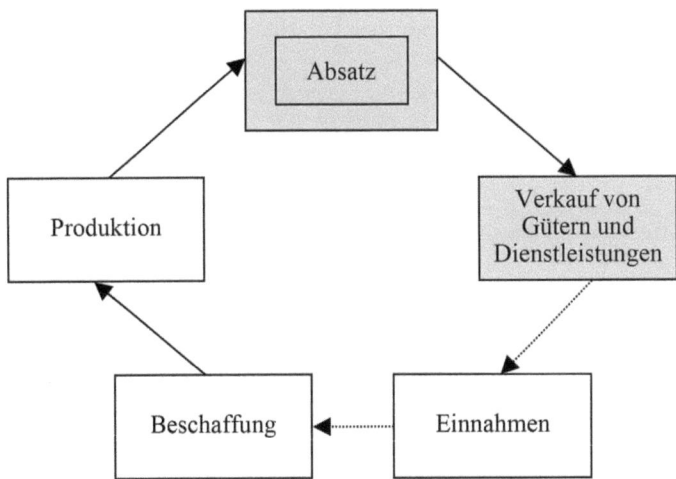

Abbildung 71: Funktion Absatz im Betriebsprozess

IX. Betriebliche Leistungsprozesse

Marketing ist eine Begriffserweiterung und geht weit über die Rolle des Absatzes als Teilfunktion des Leistungsprozesses hinaus. Marketing bedeutet kundenorientierte Unternehmungsführung. Sämtliche Unternehmungsaktivitäten und Prozesse werden konsequent an den Bedürfnissen der Kunden (70er Jahre) und an der Konkurrenz (80er und 90er Jahre) orientiert (integratives Konzept der Unternehmensführung). Marketing ist die Antwort auf die zunehmende Wettbewerbsintensität (Wandel von Verkäufer- zu Käufermärkten, Internationalisierung der Märkte). Die Erfolgsfaktoren des Marketing sind: Kundenorientierung, Wettbewerbs- und Absatzfähigkeit.

In der öffentlichen Verwaltung bedeutet Marketing, dass sich das Leistungsprogramm und die Aufgabenerfüllung an den Bedürfnissen und vor allem am Bedürfniswandel der Bürger und Unternehmungen orientieren müssen. Der öffentlichen Verwaltung wird oft ein Marketing-Defizit mit der Begründung nachgesagt, sie verharre noch immer in der überlebten Stufe einer produktionsorientierten Absatzpolitik.

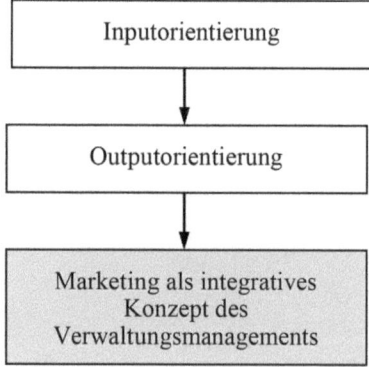

Abbildung 72: Entwicklung zum Marketing in der öffentlichen Verwaltung

Zur Durchsetzung von Marketing als ganzheitliche Unternehmensführung bedarf es einer Marketingkonzeption. Die öffentliche Verwaltung befindet sich dabei im Gegensatz zur Privatwirtschaft in sehr unterschiedlichen Marktkonstellationen (vom unmittelbaren Wettbewerb bis hin zu rein hoheitlichen Aufgaben). Daraus können sich spezielle Schwierigkeiten bei der Entwicklung der Elemente einer Marketing-Konzeption ergeben. Erfolgreich kann eine Marketing-Konzeption nur dann sein, wenn sie in das strategische Management eingebunden wird.

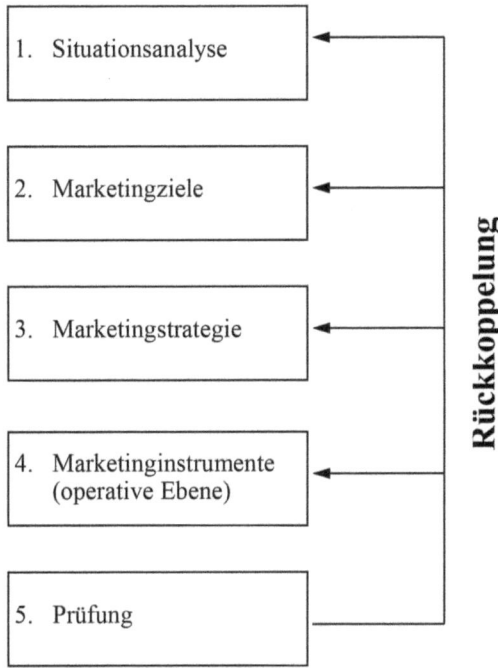

Abbildung 73: Prozessschema einer Marketing-Konzeption

(1) Situationsanalyse

Dabei handelt es sich um die systematische Gewinnung, Verarbeitung, Speicherung und interne Kommunikation der relevanten Informationen. Für die öffentliche Verwaltung bedeutet dies:

– Analyse der derzeitigen Aufgabenerfüllung – Aufgabenkritik (Portfolio-Analyse)
– Analyse der zukünftigen Bedürfnisse und Ansprüche der Bürger an die öffentliche Verwaltung (Bürgerbefragung/Marktforschung)

Zur Darstellung der gegenwärtigen Situation und der voraussichtlichen Entwicklung gehört auch eine Analyse der eigenen Stärken (Erfolgsfaktoren der öffentlichen Verwaltung) und Schwächen.

(2) Marketingziele

Marketingziele und allgemeine Unternehmungsziele bedingen sich gegenseitig (Zielinterdependenzen).

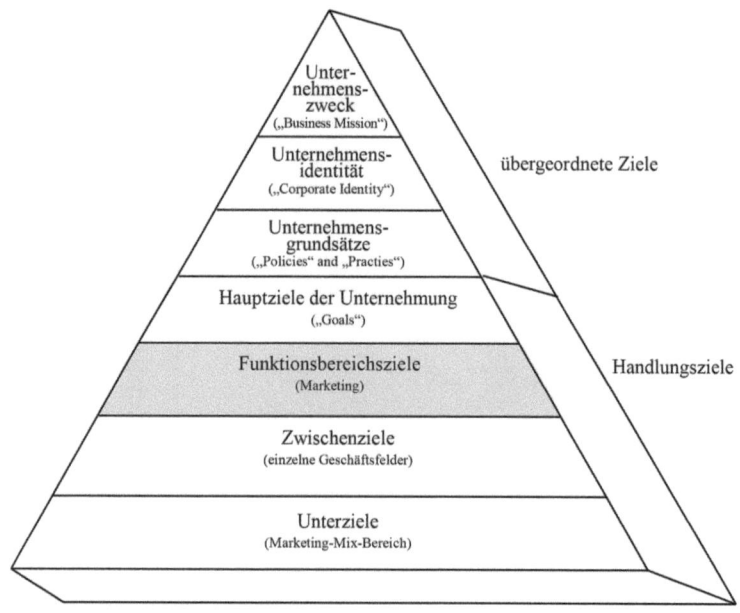

Abbildung 74: Marketing in der Zielpyramide einer Unternehmung

Beispiele für Marketingziele privater Unternehmungen
- Umsatzsteigerung, Gewinn, Marktzugang, Marktanteil
- Imageverbesserung, Kundenzufriedenheit
- Bekanntheitsgrad usw.

Beispiele für Marketingziele öffentlicher Verwaltungen
- Kundenzufriedenheit, Imageverbesserung
- Verbesserung der eigenen Leistungsfähigkeit
- Stärkere Position im Wettbewerb (z. B. Vergleich mit anderen Kommunen und privaten Anbietern)
- Kooperation mit Privaten = Public Private Partnership (PPP)
- Einzelhandel in der Innenstadt fördern (City-Marketing) usw.

(3) Marketingstrategie

Strategieprozesse führen vom Erkennen zum Verändern. Sie zeichnen sich durch einen längerfristigen Zeithorizont aus und geben die allgemeine Richtung an, in die sich die gesamte Verwaltung entwickeln soll (ganzheitliche Betrachtung der öffentlichen Verwaltung auch in ihrem Beziehungsgeflecht zum Umfeld).

Strategische Stoßrichtungen (grundlegende Entwicklungsrichtungen) können als Offensiv-, Defensiv- oder Schrumpfungsstrategie einer Unternehmung zusammengefasst werden.

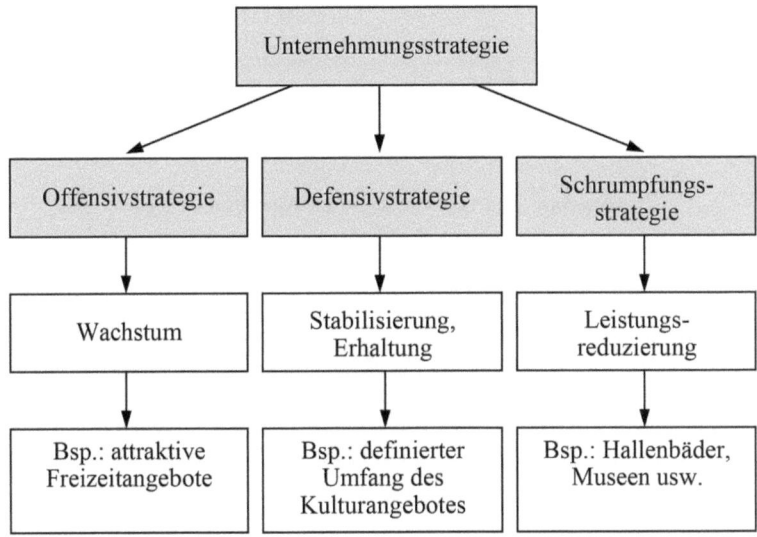

Abbildung 75: Varianten der allgemeinen Unternehmungsstrategie

Die allgemeine Unternehmungsstrategie steckt den Rahmen für die Marketingstrategie ab. Die Marketingstrategie ist das Bindeglied zwischen Marketingzielen und Marketinginstrumenten:

Situationsanalyse: Wo stehen wir?

1. Marketingziele: Wo wollen wir hin?

Marketingstrategie: Wie kommen wir dorthin?

2. Marketinginstrumente: Mit welchen Mitteln erreichen wir das?

Eine erfolgreiche Marketingstrategie muss einer Kommune/einer Region eine USP (Unique Selling Proposition) und damit einen Wettbewerbsvorteil (Einzigartigkeit, Unverwechselbarkeit) gegenüber Konkurrenten verschaffen.

IX. Betriebliche Leistungsprozesse

Abbildung 76: Unternehmungs- und Marketingstrategie

Eine erfolgreiche Marketingstrategie muss neben dem externen auch den internen Aspekt berücksichtigen. Das interne Marketing bezieht sich auf die Förderung des innovativen Marketingverhaltens von Mitarbeitern. Diese Grundlage ist Voraussetzung für ein erfolgreiches externes Marketing. Das externe Marketing beinhaltet den Einsatz entsprechender Instrumente gegenüber externen Adressaten (Kunden).

Für die Strukturierung der alternativen Marketingstrategien ist die Produkt-Markt-Matrix ein geeignetes Instrument.

Produkte (Leistungen) \ Märkte	gegenwärtig	neu
gegenwärtig	Marktdurchdringung	Marktentwicklung
neu	Produktentwicklung	Diversifikation

Abbildung 77: Alternative Marketingstrategien

- Marktdurchdringung (Penetration):
  Strategie: gegenwärtige Produkte für gegenwärtige Kunden
  Dabei wird versucht, den bestehenden Markt durch stärkere Marketingaktivitäten (niedrigere Preise, mehr Qualität, intensivere Werbung) besser auszuschöpfen.
  Beispiel: ÖPNV

- Marktentwicklung:
  Strategie: gegenwärtige Produkte für neue Kunden
  Bei dieser Strategie werden zusätzliche Markträume angestrebt.
  Beispiel: Städtisches Krankenhaus versucht neue Kunden aus Nachbargemeinden zu gewinnen.
- Produktentwicklung:
  Strategie: neue Produkte für gegenwärtige Kunden
  Im Rahmen dieser Strategie entwickelt man neue Produkte für bestehende Märkte (innovative Strategie).
  Beispiel: neue Verkehrsangebote
- Diversifikation:
  Strategie: neue Produkte für neue Kunden
  Diese Strategie bedeutet eine Ausdehnung der Aktivitäten auf neue Märkte mit neuen Produkten („zweites Standbein").
  Beispiel: Sparkasse bietet Versicherungsleistungen an.

Ist das Leistungsprogramm für öffentliche Verwaltung und öffentliche Betriebe vorgegeben, können nur noch die Marktdurchdringungs- und Marktentwicklungsstrategien angewandt werden.

(4) Marketinginstrumente (operative Ebene)

Zum Absatz der erstellten Leistungen bedarf es einer Vielzahl von Maßnahmen (Marketinginstrumente). Die Abstimmung bzw. Kombination dieser Marketinginstrumente bezeichnet man als Marketing-Mix. Der Marketing-Mix ist dann erfolgreich, wenn die Instrumente den richtigen Stellenwert haben und so optimal aufeinander abgestimmt sind, dass sich der Mix insgesamt von der Konkurrenz abhebt und einzigartig ist (Ausstrahlungseffekt/USP).

Bei der Systematisierung der Vielzahl von Marketinginstrumenten geht man üblicherweise von den „4 x P" (vier Instrumentalbereiche) aus:

- Place   → Distributionspolitik
- Promotion   → Kommunikationspolitik
- Produkt   → Produktpolitik
- Price   → Preispolitik

Die einzelnen Komponenten des Marketing-Mix stellt die folgende Übersicht dar (Abbildung 78).

Bei der Anwendung der Marketinginstrumente in der Verwaltung ergeben sich Schwerpunkte im Marketing-Mix bei kommunikationspolitischen und abgeschwächt bei distributionspolitischen Maßnahmen. Dieses Marketingverhalten resultiert aus einem entsprechenden Rechtsrahmen und leistungsspezifischen Determinanten. Die öffentlichen Betriebe nähern sich bei der Gestaltung des Marketing-

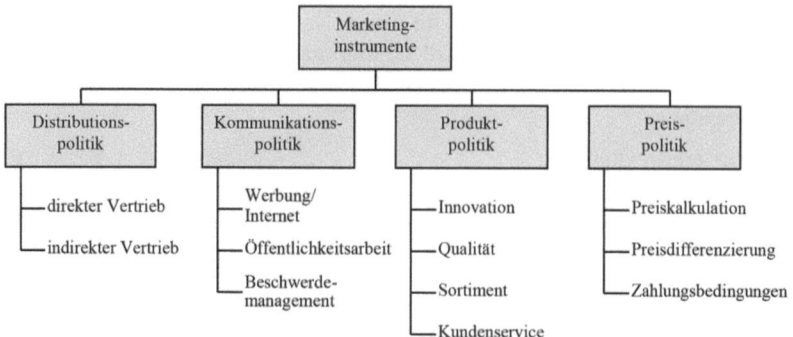

Abbildung 78: Komponenten des Marketing-Mix in der öffentlichen Verwaltung

Mix weitgehend der Privatwirtschaft an; Unterschiede sind bei entsprechenden Marketingvergleichen in der Regel nicht mehr festzustellen.

(5) Prüfung

Die Marketingkontrolle ist die letzte Phase der Marketing-Konzeption und stellt den Soll-Ist-Vergleich her. Sie löst, wenn nötig, einen Prozess der Rückkoppelung (Abbildung 73) aus. Im Kern handelt es sich bei der Marketingkontrolle um eine Überprüfung des Zielerreichungsgrades. Zu empfehlen ist außerdem ein Prozess begleitendes Marketing-Controlling (Bereichscontrolling).

Im Rahmen der Kontrollphase müssen Messgrößen (Benchmarks) festgelegt werden (z.B. Umsatz pro Verkäufer, Rentabilitätsverbesserungen, finanzielle Deckungsbeiträge neuer Produkte, Bekanntheitsgrad eines Produkts, Kundenzufriedenheit, Imageentwicklung, Werbeerfolg usw.).

Neben der traditionellen Kontrolle übernimmt bei modernen Marketing-Konzeptionen das Marketing-Audit eine wichtige Rolle. Dabei handelt es sich um eine Überprüfung der Verfahren und Prozesse im Marketing einer Unternehmung (z.B. Auditierung der Qualität der Informationsversorgung).

X. Finanzprozesse

Die betrieblichen Leistungsprozesse schlagen sich spiegelbildlich in entsprechenden Geldströmen nieder.

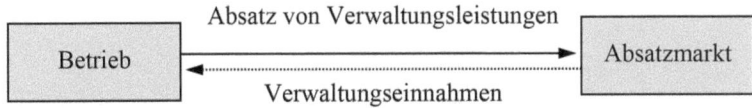

Abbildung 79: Wechselwirkung von Güter- und Geldströmen

Die Aufgabe des Finanzmanagements besteht darin, den betrieblichen Leistungsprozess so mit finanziellen Mitteln auszustatten, dass ein reibungsloser Ablauf gewährleistet ist. Die Liquiditätssicherung ist das Hauptziel des Finanzmanagements. Zur Beurteilung der Zahlungsfähigkeit einer Unternehmung werden in der Praxis folgende Kennzahlen verwendet:

- Liquidität 1. Grades: flüssige Mittel (Kasse, Sicht- und Termineinlagen bei Banken, Schecks usw.) im Verhältnis zu den kurzfristigen Verbindlichkeiten (= kurzfristige Zahlungsfähigkeit – Zielgröße: mindestens 20%)

- Liquidität 2. Grades: kurzfristiges Umlaufvermögen (flüssige Mittel + kurzfristige Forderungen + Aktien, Anleihen) im Verhältnis zu den kurzfristigen Verbindlichkeiten (= mittelfristige Zahlungsfähigkeit – Zielgröße: ideal 100%, 50% nicht unterschreiten)

- Liquidität 3. Grades: gesamtes Umlaufvermögen im Verhältnis zu den kurzfristigen Verbindlichkeiten (= langfristige Zahlungsfähigkeit – Zielgröße: 200%)

Der Cashflow-Analyse erfasst das erwirtschaftete Finanzvolumen einer Unternehmung (Innenfinanzierung), das für neue Investitionen, Schuldentilgung oder Gewinnausschüttung zur Verfügung steht. Der Cashflow ist ein Maßstab für den monetären Spielraum und erfasst bei der direkten Ermittlungsmethode: zahlungsbedingte Erträge abzüglich zahlungsbedingte Aufwendungen. Bei der indirekten Methode ergibt sich folgende vereinfachte Cashflow-Ermittlung:

Gewinn nach Steuern/oder Verlust
+ Abschreibungen
+ Erhöhung langfristiger Rückstellungen

Zur Steigerung der Aussagefähigkeit werden mit der absoluten Größe Cashflow in der Praxis relative Kennzahlen gebildet, indem man die Beziehung zu Kapitalgrößen, Umsatz, Verbindlichkeiten oder Investitionen herstellt.

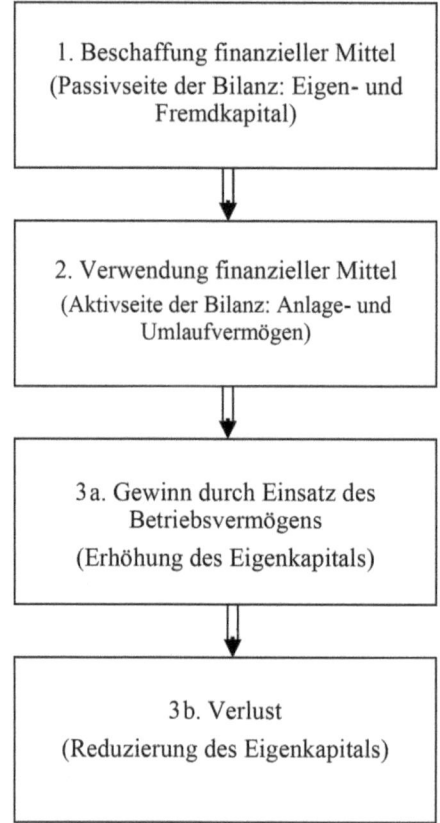

Abbildung 80: Phasen des Finanzmanagementprozesses

Finanzierung i.e.S. ist die Bereitstellung finanzieller Mittel (Kapitalbeschaffung).

Finanzierung i.w.S. umfasst alle Prozessteile: Beschaffung, Verwendung und Rückfluss finanzieller Mittel (Finanzmanagementprozess).

Die Bilanz stellt ein Finanzierungsinformationssystem über die Herkunft (Passivseite) und die Verwendung (Aktivseite) finanzieller Mittel dar. Durch die Bilanz kann man die Vermögensverhältnisse, den Kapitalaufbau und die Finanzierung einer Unternehmung erkennen. Sie dient der Rechenschaftslegung und bildet zusammen mit der Gewinn- und Verlustrechnung und dem Anhang (Erläuterungen) den Jahresabschluss.

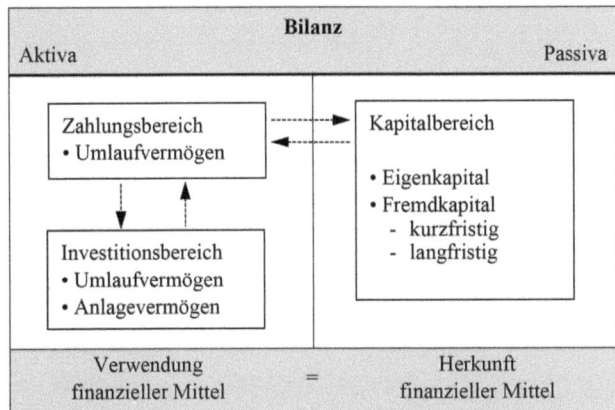

Abbildung 81: Bilanz als Finanzierungsinformation → = Geldströme

Bei Finanzierungsentscheidungen sind nachstehende Kriterien zu berücksichtigen:
- Höhe des Finanzierungsbedarfs
- Finanzierungskonditionen (z. B. Zinssatz, Laufzeit, Disagio ...)
- Zeitpunkt und Dauer der Finanzierung
- Finanzierungsquelle (→ Finanzierungsarten) usw.

Um erfolgreich zu sein, muss das Finanzmanagement folgende Ziele berücksichtigen:
- Rentabilität:
Periodenerfolg des eingesetzten Kapitals
- Liquidität:
Sicherung der Zahlungsfähigkeit
- Sicherheit:
Vermeiden von Verlustgefahren
- Unabhängigkeit:
Sicherung der Entscheidungsfreiheit

Bei den Finanzierungszielen gilt es darauf zu achten, ein möglichst ausgewogenes Verhältnis zu erreichen. So kann es in der Praxis z. B. zu Zielkonfliktsituationen zwischen Liquidität und Rentabilität kommen. Um den Zielerreichungsgrad im

Bereich Finanzierung kontrollieren zu können, werden wie in allen Unternehmensbereichen entsprechende Kennzahlen (Finanzierungskennzahlen) eingesetzt.

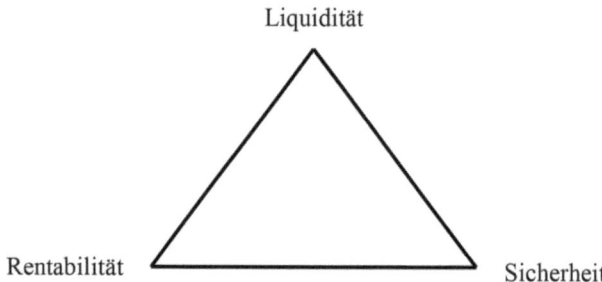

Abbildung 82: „Magisches" Zieldreieck der Finanzierung

Die Bilanz gewährt eine Übersicht über die Investitionen und die Finanzierung. Deshalb ist es wichtig, aus der Bilanz entsprechende Kennzahlen zu entwickeln (Bilanzanalyse).

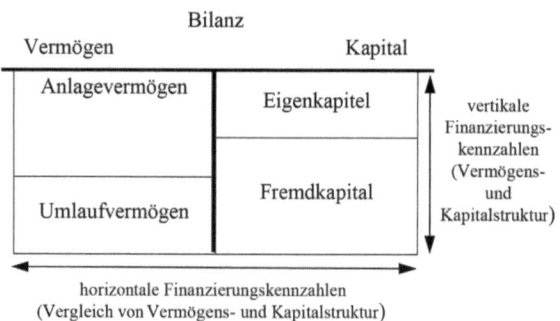

Abbildung 83: Vertikale Finanzierungskennzahlen

Vertikale Finanzierungskennzahlen (Analyse der Passivseite) geben Auskunft über die Kapitalstruktur:

– Eigenkapitalquote $= \dfrac{\text{Eigenkapital}}{\text{Gesamtkapital}} \times 100$

– Fremdkapitalquote $= \dfrac{\text{Fremdkapital}}{\text{Gesamtkapital}} \times 100$

- Verschuldungsgrad $= \dfrac{\text{Fremdkapital}}{\text{Eigenkapital}} \times 100$

Horizontale Kennzahlen (Analyse der Aktiv- und Passivseite) informieren über das Verhältnis von Vermögens- und Kapitalstruktur:

- Anlagendeckung I $= \dfrac{\text{Eigenkapital}}{\text{Anlagevermögen}} \times 100$

- Anlagendeckung II $= \dfrac{\text{Eigenkapital langfr. Fremdkapital}}{\text{Anlagevermögen}} \times 100$

- Die Anlagendeckung III berücksichtigt zusätzlich zum Anlagevermögen noch das langfristig gebundene Umlaufvermögen.

Zur Vollständigkeit der Bilanzanalyse gehört die Betrachtung der Aktivseite, d. h. die Beurteilung der Vermögenslage:

- Die Anlagenintensität gibt das Verhältnis von Anlagevermögen (Sach- und Finanzanlagen) zum Gesamtvermögen an. Je höher die Anlagenintensität ist, umso höher ist die Belastung mit fixen Kosten, insbes. Abschreibungen und Zinsen (z.B. bei öffentlichen Einrichtungen). Hohe Anlagenintensität erfordert auch einen höheren Anteil langfristigen Kapitals. Die Kennzahl Sachanlagenintensität setzt nur das Sachanlagevermögen zum Gesamtvermögen ins Verhältnis.

- Die Umlaufintensität ergibt sich durch die Relation Umlaufvermögen zu Gesamtvermögen. Eine Unternehmung mit hoher Umlaufintensität kann sich stärker mit kurzfristigem Fremdkapital finanzieren.

In der Betriebswirtschaftslehre besteht keine generelle Einigkeit über „optimale" Werte bei den Finanzierungskennzahlen. Da sich aber das Steuerrecht und vor allem die Bankpraxis bei der Kreditwürdigkeitsprüfung an Finanzierungsregeln orientieren (z.B. Basel II), versuchen Unternehmungen diese auch einzuhalten. Bei vertikalen Finanzierungsregeln ist ein Verhältnis zwischen Eigen- und Fremdkapital von 1:1 erstrebenswert, eine Relation von 1:2 solide und ein Verhältnis von 1:3 noch zulässig. Bei horizontalen Finanzierungsregeln ist auf Fristenkongruenz zu achten, d. h. die Dauer der Mittelbindung muss der Dauer der Mittelverfügbarkeit entsprechen (Goldene Bilanz- und Finanzierungsregel). Bei Schuldscheindarlehen (langfristige Investitionsfinanzierung) müssen sich Unternehmungen im Rahmen einer als Sicherheit geforderten Negativerklärung verpflichten, während der Laufzeit des Darlehens folgende Finanzierungsregeln einzuhalten: (1) Verhältnis Eigen- zu Fremdkapital 1:2, (2) Eigenkapital muss mindestens 40% des Anlagevermögens finanzieren und (3) Anlagevermögen und die länger als 4 Jahre laufenden Forderungen müssen durch Eigenkapital und länger als 4 Jahre laufende Fremdmittel finanziert werden. Eine optimale Kapitalstruktur ist für das Management von zentraler Bedeutung. Der Leverage-Effekt besagt, dass zwischen Eigen- und Gesamtkapitalrendite eine Hebelwirkung besteht. Solange die Gesamtkapitalrentabilität höher ist als der zu zahlende Zinssatz für das Fremdkapital (also die Kosten des Fremdkapitals niedriger sind als die mit dem Fremdkapital erzielte Verzinsung), wird bei Zuführung von Fremdkapital eine Steigerung der Eigenkapitalrentabilität erreicht (positiver Leverage-Effekt). Die Ausnutzung des Leverage-Effekts ist aber mit den Risiken eines zunehmenden Verschuldungsgrades verbunden.

Eine Systematisierung der verschiedenen Finanzierungsarten erfolgt nach den Kriterien: Herkunft finanzieller Mittel und Rechtsstellung des Kapitalgebers.

Herkunft des Kapitals / Rechtsstellung des Kapitalgebers	Innenfinanzierung	Außenfinanzierung
Eigenfinanzierung	Selbstfinanzierung (Gewinn)	Beteiligungsfinanzierung
Fremdfinanzierung	selbst erwirtschaftetes Fremdkapital (Pensionsrückstellungen)	Kreditfinanzierung

Abbildung 84: Finanzierungsarten

Als *Sonderformen der Fremdfinanzierung von Investitionen* spielen *Leasing* und *Factoring* eine immer größere Rolle. Diese Finanzierungsinstrumente werden zunehmend auch in der öffentlichen Verwaltung als Alternative zum Kredit verwendet.

– Leasing

Bei der Finanzierung durch Leasing werden von einem Hersteller (direktes Leasing) oder einer Leasinggesellschaft (indirektes Leasing) mittel- bis langfristige Nutzungsrechte an beweglichen und unbeweglichen Investitions- sowie Konsumgütern erworben. Nach der Leasingdauer unterscheidet man Operate-Leasing (kurzfristig) und Finance-Leasing (langfristig) und nach der Art des Leasingguts Immobilien- und Mobilienleasing. Im Gegensatz zum Kauf bedeutet Leasing investieren und trotzdem Eigenkapital schonen. In finanziell schwierigen Situationen der öffentlichen Verwaltung wird diese Finanzierungsart immer attraktiver. Beim Kommunalleasing werden z.B. Anlagen und Gebäude (Immobilienleasing) von Privaten finanziert, gebaut und anschließend an die Kommune vermietet. Mobilien-Leasing ist eine Fremdfinanzierung von Fahrzeugen, Maschinen, Informationstechnik usw. Die Vorteile des Kommunalleasing können darin bestehen, dass die Managementleistungen der Leasinggesellschaft (i.d.R. Tochterunternehmungen von Banken) die Verwaltung entlasten (Outsourcing), der öffentliche Haushalt geschont wird und gesamtwirtschaftliche Effekte (Stützung der Konjunktur) sowie Standortqualitätsverbesserungen entstehen. Allerdings muss immer ein Wirtschaftlichkeitsvergleich z.B. gegenüber einem Kommunalkredit erstellt werden. Nur dieser Vergleich kann im Einzelfall (Leasingverfahren bei Abfallentsorgung, Modernisierung der Abwasserbeseitigung usw.) nachweisen, ob die Leasingfinanzierung eine kostengünstigere und effizientere Alternative zur Kreditaufnahme darstellt.

Neuerdings ist das sog. Cross-Border-Leasing zu einem Zauberwort für die Kommunalfinanzen geworden. Vereinfacht dargestellt funktioniert dieses Modell so: Städte und Gemeinden verkaufen Teile ihrer Infrastruktur – Schulen, Klärwerke, Straßenbahnen usw. – an Investoren aus den USA und leasen sie im gleichen Atemzug zurück. Die amerikanischen Unternehmen – meist Banken und Versicherungen – setzen das Geschäft bei der heimischen Steuer ab. Die deutschen Partner erhalten einen sog. Barwertvorteil.

– Factoring

Auch die Finanzierung durch Factoring gilt auch als Weg aus möglichen Finanzkrisen. *Factoring ist der Ankauf von Lieferantenforderungen* durch eine Factoringgesellschaft (Forderungsabtretung). Im kommunalen Bereich hat sich dies beim Gebühren-Factoring bewährt. Eine private Unternehmung verkauft z. B. bei der Übernahme der Abfallbeseitigung ihre Gebührenforderung gegenüber der Kommune an eine Factoringgesellschaft. Mit diesem erzielten Verkaufspreis kann die Unternehmung ihre Investition (Kläranlage) finanzieren. Da der Factoringgesellschaft (i. d. R. Tochterunternehmungen von Banken) damit Ansprüche gegenüber einer Kommune zustehen, ist sie u. U. bereit, der Unternehmung günstige Kreditkonditionen zu gewähren.

– Sponsoring

Zunehmend versuchen Kommunen sich auch über das Sponsoring finanzielle Mittel von außen zu beschaffen. Sponsoring bedeutet, dass private Unternehmungen z. B. Veranstaltungen im kommunalen Kultur-, Sport- und Sozialbereich finanziell (oder mit Sachmitteln) unterstützen. Die Zielsetzungen des privaten Sponsors ergeben sich dabei aus der Zielkonzeption des Marketings (z. B. Imageverbesserung im unmittelbaren Umfeld einer Unternehmung).

– Public Private Partnership (PPP)

Die Entwicklung von neuen Kooperationsformen zwischen öffentlichen und privaten Trägern (Public Private Partnership) können zu einer Verbesserung der Finanzierungsspielräume der öffentlichen Verwaltung führen (Bsp.: eine gemeinsame Stadtmarketing GmbH).

XI. Betriebswirtschaftliches Rechnungswesen in der öffentlichen Verwaltung

Das betriebswirtschaftliche Rechnungswesen ist das zentrale Führungsinformationssystem und gleichzeitig Entscheidungsgrundlage für das strategische und operative Verwaltungsmanagement. Immer stärker werden für die öffentliche Verwaltung die Anwendung des modernen betriebswirtschaftlichen Rechnungswesens (Finanzbuchhaltung und Kosten- und Leistungsrechnung) und der Abschied von der ausschließlich kameralistischen Einnahmen-Ausgaben-Rechnung gefordert. Die Schwächen der Kameralistik liegen in folgenden Steuerungsdefiziten:

– kein Gesamtbild der Finanz- und Vermögenslage

– abnehmende Vergleichbarkeit mit Verwaltungen, die immer mehr betriebliche Teile mit eigenem Rechnungswesen ausgliedern

– Ziele der Aufgabenerfüllung nur inputorientiert

– geeignete Kennzahlen fehlen (Transparenz des Rechnungswesens)

– unzureichende Erfolgskontrolle (nur über Einnahmeentwicklung und Ausgabenverhalten)

Die Anwendung des betriebswirtschaftlichen Rechnungswesens in der öffentlichen Verwaltung wird zukünftig nicht mehr aufzuhalten sein. Dies wird auch u. a. deshalb immer notwendiger, weil die Haushaltsrechnungen für den Kernetat einer Kommune und die Rechnungslegung für ihre ausgegliederten Betriebe wegen der Transparenz in einem gemeinsamen Konzernabschluss zusammengefasst werden müssen (Öffentliches Rechnungswesen = Erfolgsrechnung + Finanzrechnung + Vermögensrechnung). Das betriebswirtschaftliche Rechnungswesen hat grundsätzlich folgende Aufgaben zu erfüllen:

– Dokumentation und Überwachung

  – Erfassung, Speicherung und Verarbeitung von Leistungs- und Geldgrößen, Kennzahlenentwicklung (interne Orientierung)

– Rechenschaftslegung und Information

  – nach gesetzlichen Vorschriften (externe Orientierung)

– Kontrolle und Planung

  – Grundlage für strategische und operative Planungen und Entscheidungen im Verwaltungsmanagement

XI. Betriebswirtschaftliches Rechnungswesen in der öffentlichen Verwaltung

Die verschiedenen Bereiche des Rechnungswesens werden nach Zielen sowie internen und externen Informationsansprüchen systematisiert.

	Einnahmen/Ausgaben	Ertrag/Aufwand	Leistung/Kosten
Ziel	Liquiditätsziel	Erfolgsziel Wirtschaftlichkeitskontrolle	Erfolgsziel Wirtschaftlichkeitskontrolle
Vergangenheit	Bilanzanalyse	Finanzbuchhaltung: Bilanz, Gewinn- und Verlustrechnung	Betriebsbuchhaltung Kostenrechnung: Nachkalkulation
Gegenwart	Liquiditätsstatus	kurzfristige Abschlüsse	Kalkulation i. S. von Selbstkostenrechnung
Zukunft: betriebsbezogen	Finanzplanung Finanzanalyse	Erfolgsplanung	Plankostenrechnung
projektbezogen	Dynamische Investitionsrechnung		Statische Investitionsrechnung

Abbildung 85: Gliederung nach den Zielen des Rechnungswesens

Orientierung	Bereiche des Rechnungswesens	Ansatzpunkte	Informationsrichtung
Vergangenheit	• Bilanz • Gewinn- und Verlustrechnung	• Vermögen/Kapital • Aufwand/Ertrag	**Externes** (= pagatorisches) **Rechnungswesen**
Gegenwart	• Kosten- und Leistungsrechnung	• Kosten/Leistung	**Internes** (= kalkulatorisches) **Rechnungswesen**
Zukunft	• Investitionsrechnung • Finanzplanung	• Einzahlungen/Auszahlungen	

Abbildung 86: Externe und interne Informationsansprüche an das Rechnungswesen

Der Aspekt der externen und internen Informationsansprüche an das Rechnungswesen kann am Beispiel eines kommunalen Eigenbetriebes (entsprechend LHO/BHO-Betrieb auf Landes- bzw. Bundesebene) dargestellt werden:

XI. Betriebswirtschaftliches Rechnungswesen in der öffentlichen Verwaltung

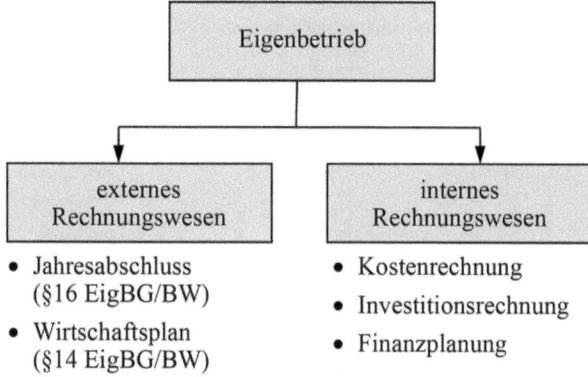

Abbildung 87: Externes und internes Rechnungswesen beim Eigenbetrieb

In der Praxis gibt es eine Reihe von Interessenten an den Informationen, die das Betriebswirtschaftliche Rechnungswesen liefert.

Organisationen \ Informationsempfänger	interne Adressaten	externe Adressaten
öffentliche Verwaltung	• Verwaltungsleitung • Gemeinderat • Mitarbeiter • Personalrat	• Fiskus • Aufsichtsbehörden • Öffentlichkeit/ Bürger
Unternehmungen	• Eigentümer • Management • Mitarbeiter • Betriebsrat	• Gläubiger • Fiskus • Kunde, Lieferant • Öffentlichkeit/ Konkurrenz

Abbildung 88: Informationsempfänger des Rechnungswesens

XI. Betriebswirtschaftliches Rechnungswesen in der öffentlichen Verwaltung

Im betriebswirtschaftlichen Rechnungswesen gibt es eine Reihe von Grundbegriffen. Beim Übergang von der kameralen Rechnungslegung stellt sich das Kernproblem der Identität bzw. Abgrenzung zwischen Ausgaben und Kosten.

Stromgrößen	
Liquiditätsrechnung	
Auszahlung → Abnahme der liquiden Mittel	**Einzahlung** → Zunahme der liquiden Mittel
Ausgabe → Auszahlungen + Schuldenzugänge (Abnahme des Geldvermögens)	**Einnahme** → Einzahlungen + Forderungszugänge (Zunahme des Geldvermögens)
Gewinn- und Verlustrechnung	
Aufwand → Verminderung des Geld- und Sachvermögens (Wertverzehr in der gesamten Unternehmung)	**Ertrag** → Erhöhung des Geld- und Sachvermögens (Wertzuwachs in der gesamten Unternehmung)
Kosten- und Leistungsrechnung	
Kosten → Wertverzehr durch Produktion	**Leistung** → Wertentstehung durch Produktion
Bestandsgrößen	
Bilanz	
Vermögen	**Kapital**
als Folge wertmäßiger Stromgrößen	

Abbildung 89: Grundbegriffe des Rechnungswesens

Das betriebswirtschaftliche Rechnungswesen erfasst allerdings nur die quantifizierbaren Prozesse einer Organisation. Wichtige qualitative Aspekte des Verwaltungshandelns (z.B. Kundenfreundlichkeit) werden nicht dargestellt. Dazu bedarf es zusätzlicher Führungsinformationssysteme (z.B.: Balanced Scorecard, S. 55–56).

Die wichtigsten Aufgaben im Reformprozess werden zukünftig sein:
- Transparenz des Verwaltungshandelns
- Fortsetzung des strategischen Managements

- Intensivierung der Digitalisierung (E-Government) und ein Personalmanagement, das motiviert und qualifiziert ist
- Verbesserung der Teilhabe der Bürger durch E-Voting
- Detaillierte Rechnungslegung nach internationalen Standards (z. B. IPSAS)
- Förderung der öffentlichen Aufträge, um den Wettbewerb um die Erbringung öffentlicher Leistungen zu fördern
- Die Personalführung sollte auf Leistungs- und Zielvereinbarungen basieren so dass eine Zielkaskade entsteht.
- Der Bürger wird mehr im metamorphischen gleichzeitig als Kunde gesehen. Der Bürger bezahlt mit seinen Steuern und soll dementsprechend auch belohnt werden.

Die Auswirkungen von Verwaltungsreformen sind allerdings nur langfristig zu beurteilen. Die Evaluationen zeichnen auch Jahre danach ein eher kritisches Bild. Deutlich wird dies bei der Digitalisierung der Verwaltung, wo wir immer noch kein Licht am Ende des Tunnels sehen.

Teil B: Öffentliche Investitionen – dargestellt am Beispiel der Projekte „Stuttgart 21", „BER" und „Elbphilharmonie"
von Oliver Sievering

XII. Investitionsrechnung

1. Bedeutung der Investitionen

Investitionen sind entscheidend für den Wohlstand eines Landes. Im Jahr 2020 beliefen sich die Bruttoinvestitionen in Deutschland auf 678,1 Mrd. Euro, im Vorjahr waren es 737,7 Mrd. Euro. In Rezessionsjahren sinken die Investitionen erfahrungsgemäß erheblich, dies war auch für das Jahr 2020 zu beobachten, als sich die Covid-Pandemie ausbreitete. Zieht man von den Bruttoinvestitionen die Abschreibungen (Werteverzehr) in Höhe von 657,8 Mrd. Euro ab, so gelangt man zu den Nettoinvestitionen, die für das Jahr rd. 20,4 Mrd. Euro betrugen. Betrachtet man die Netto-Investitionsquote als Verhältnis von Nettoinvestitionen zum Bruttoinlandsprodukt, so ergab sich eine Netto-Investitionsquote von gerade einmal 0,6%. Deutschland weist im Vergleich zu anderen EU-Ländern relativ geringe Investitionsquoten auf. Die weit überwiegenden Investitionen tätigen die Unternehmen, der Staat hat im Jahr 2020 rund 92,5 Mrd. Euro investiert, damit mehr als im Jahr 2019, als er 86,2 Mrd. Euro für Investitionen ausgab. In Rezessionszeiten investieren Unternehmen zumeist deutlich weniger, der Staat versucht oftmals dagegen zu steuern, was dem Gedanken der Keynesianischen Konjunkturpolitik entspricht. Die Nettoinvestitionen des Staates betrugen im Jahr 2020 insgesamt rd. 10,6 Mrd. Euro, bei den Gemeinden waren die Nettoinvestitionen mit -0,6 Mrd. Euro leicht negativ. Dies bedeutet, dass der Werteverzehr, also die Abschreibungen, etwas höher ausfielen als die neu getätigten Investitionen. Gegenüber vergangenen Jahren hat sich die Situation etwas gebessert, in 2015 waren die Nettoinvestition bei den Gemeinden mit -7,1 Mrd. Euro noch deutlich schlechter. (Statistisches Bundesamt) Die Unterschiede sind von Kommune zu Kommune sehr unterschiedlich, es gibt viele durchaus wohlhabende Kommunen, die viel investieren können, aber auch viele arme Kommunen die „zerbröseln", dies gilt insbesondere für viele Städte im Ruhrgebiet, ihr Werteverzehr übersteigt deutlich die zusätzlichen Investitionen, sie leben von der Substanz.

2. Gründe für Investitionsplanung

Investitionsentscheidungen zählen zu den wichtigsten Entscheidungen sowohl für Unternehmen als auch für den Staat, da sie erheblichen Einfluss auf ihre jeweilige Zukunftsfähigkeit haben. Dennoch finden sich in der Praxis genügend Beispiele für mangelhafte Investitionsplanungen und -durchführungen. Bei öffentlichen Investitionen ist die mediale Aufmerksamkeit bei „Fehlinvestitionen" oftmals groß, da argumentiert wird, dass „Steuergelder sinnlos verschwendet würden". Der Bund der Steuerzahler veröffentlicht regelmäßig „Das Schwarzbuch" in dem die öffentliche Verschwendung medienwirksam angeprangert wird. Auch der Bundesrechnungshof bzw. die Landesrechnungshöfe berichten regelmäßig über „misslungene" öffentliche Investitionsprojekte. Der Investitionsplanung sollte daher eine hohe Aufmerksamkeit zukommen. Es sind mehrere Gründe, warum die Investitionsplanung zu einem zentralen Punkt der Unternehmenspolitik gemacht werden sollte.

Zukunftsbezogenheit der Investitionen

Investitionen sind durch ihre Langfristigkeit charakterisiert. Es gibt sowohl kleinere Investitionsvorhaben, z. B. den Kauf eines neuen Kopierers oder eines Dienstwagens, als auch große Investitionen, die durch erhebliche Volumina gekennzeichnet sind, so z. B. der Bau von Gebäuden oder Straßen, konkret der Bau der Elbphilharmonie, „Stuttgart 21" oder der Berliner Flughafen „BER", in denen es um Millionen, teils um Milliarden geht.

Knappheit des Kapitals und langfristige Kapitalbindung

Viele Investitionen sind sehr kapitalintensiv, z. B. wenn ein Unternehmen eine neue Fertigungshalle oder eine Kommune ein neues Freibad bauen möchte. Die Mittel zur Finanzierung sind in der Regel knapp, so dass oftmals Kredite aufgenommen werden müssen. Die finanziellen Mittel sind über einen längeren Zeitraum gebunden. Während der Rückfluss dieses Kapitals bei Unternehmen letztlich in Form von Abschreibungen, Zinsen und Gewinne erfolgt, finden im öffentlichen Sektor oftmals keine (direkten) Rückflüsse statt. Fehlinvestitionen führen daher dort nicht nur zu erheblichen finanziellen Auswirkungen, sondern oft auch zu politischen Anschuldigungen. Hier spielen die Opportunitätskosten eine große Rolle. Sind die finanziellen Mittel knapp, streiten (nicht nur) Politiker über die Prioritäten von Investitionsvorhaben, einige würden in der Kommune ein neues Freibad präferieren, andere vielleicht ein neues Museum, andere wiederum würden sich für neue Straßen aussprechen. Wenn ein bestimmtes Projekt realisiert werden soll, muss auf ein anderes Projekt verzichtet werden.

Erstarrung der Kostenstruktur

Durch neue Investitionen können sich die Kostenstrukturen ändern. Wenn ein Automobilunternehmen in neue Maschinen investiert, können damit Mitarbeiter „freigesetzt" werden. Dieser oft zu beobachtende Prozess impliziert eine tendenzielle Erhöhung der fixen Kosten; es fallen mehr kalkulatorische Abschreibungen und Zinsen an und im Falle konjunktureller Nachfrageschwankungen oder struktureller Nachfrageänderungen können sich die Kostenstrukturen nicht entsprechend anpassen. Bei sehr geringer Nachfrage bleiben die fixen Kosten als „starrer" Kostenblock bestehen.

Bedeutung der Investitionsplanung

Die Wichtigkeit einer Investitionsplanung spiegelt sich auch in der Verordnung des Innenministeriums über die Haushaltswirtschaft der Gemeinden in Baden-Württemberg (nicht nur dort) wider. So besagt § 12 GemHVO Baden-Württemberg:

(1) Bevor Investitionen von erheblicher finanzieller Bedeutung beschlossen werden, soll unter mehreren in Betracht kommenden Möglichkeiten durch einen Wirtschaftlichkeitsvergleich unter Einbeziehung der Folgekosten die für die Gemeinde wirtschaftlichste Lösung ermittelt werden.

(2) Auszahlungen und Verpflichtungsermächtigungen für Baumaßnahmen dürfen erst veranschlagt werden, wenn Pläne, Kostenberechnungen und Erläuterungen vorliegen, aus denen die Art der Ausführung, die Kosten der Maßnahme sowie die voraussichtlichen Jahresraten unter Angabe der Kostenbeteiligung Dritter und ein Bauzeitplan im Einzelnen ersichtlich sind. Den Unterlagen ist eine Schätzung der nach Fertigstellung der Maßnahme entstehenden jährlichen Haushaltsbelastungen beizufügen.

3. Investitionsbegriffe

Bilanzorientierter Investitionsbegriff

Es existieren unterschiedliche Investitionsbegriffe. Ein herkömmlicher Investitionsbegriff ist der „bilanzorientierte Investitionsbegriff": Demnach bezeichnet eine Investition die Umwandlung von Kapital in Vermögen. Kapital (Passivseite einer Bilanz), sei es Fremdkapital oder Eigenkapital, wird umgewandelt in Vermögenswerte (Aktivseite einer Bilanz), wobei der Vermögensbegriff unterschiedlich weit gefasst werden kann. In der Regel bezieht sich der Investitionsbegriff auf das Anlagevermögen. So wird z.B. ein Kredit (Erhöhung des Fremdkapitals, Passivseite) aufgenommen, um eine Lagerhalle zu bauen (Erhöhung des Anlagevermögens, Aktivseite).

Zahlungsorientierter Investitionsbegriff

Aus der anglo-amerikanischen Literatur stammt der „zahlungsorientierte Investitionsbegriff", der sich auf Zahlungsströme konzentriert. Demnach bezeichnet eine Investition die Verwendung finanzieller Mittel. Sie ist gekennzeichnet durch einen anfänglichen Auszahlungsüberschuss und nachfolgend erwarteten Einzahlungsüberschüsse. In der Regel beginnt eine Investition im Unternehmensbereich mit einer Auszahlung (z.B. in Höhe von 100.000 Euro für den Kauf eines LKW's). Mit diesem LKW soll Kies transportiert werden, wobei monatlich Einzahlungen aus Aufträgen in Höhe von 8.000 Euro erwartet werden. Aufgrund der zentralen Bedeutung finanzwirtschaftlicher Ziele im Unternehmen wird heute der zahlungsstromorientierte Investitionsbegriff bevorzugt.

Wichtig ist, dass aufgrund von Planungen mit erwarteten (zukünftigen) Größen kalkuliert wird. Einige Größen wie beispielsweise die Anschaffung eines LKW können recht genau geplant werden, z. B. indem man sich ein konkretes Angebot eines Händlers einholt. Ob sich aus Unternehmenssicht die Aufträge mit den erwarteten Einnahmen so realisieren lassen wie geplant, ist hingegen unsicher. So haben sich die Erwartungen vieler Unternehmen während der Pandemie im Jahre 2020 nicht erfüllt, die Aufträge sind regelrecht eingebrochen. Einige Branchen konnten von der Krise sogar profitieren und haben deutlich höhere Einnahmen erzielen können als geplant, dies gilt bspw. für den Online-Handel.

Investitionsarten

Allgemein versteht man unter einer Investition das Anlegen von Geldmitteln in Anlagegüter, dabei lassen sich verschiedene Arten von Investitionen unterscheiden. Zu den Sachinvestitionen zählen primär Vermögensgegenstände des Sachanlagevermögens, wie Grundstücke, technische Anlagen und Maschinen, Betriebs- und Geschäftsausstattung oder Fahrzeuge. Zu den Finanzinvestitionen zählen Beteiligungsrechte (z. B. Aktien oder andere Unternehmensbeteiligungen) oder Gläubigerrechte (z. B. Anleihen oder Darlehen). Bei Finanzinvestitionen stehen finanzielle Motive im Vordergrund. Diese werden im Folgenden aber nicht analysiert. Zu den immateriellen Investitionen zählen Konzessionen, Lizenzen, Patente, Schutzrechte, Marken, entgeltlich erworbene Firmenwerte sowie Forschung und Entwicklung. Auch Ausgaben für die Ausbildung und Fortbildung von Mitarbeitern im Rahmen des Personalwesens gelten als immaterielle Investitionen. Teils werden auch Ausgaben für Werbung und Öffentlichkeitsarbeit zu den immateriellen Investitionen gezählt.

Investitionsmotive

Gründungsinvestitionen (oder auch Anfangsinvestitionen) fallen bei der Gründung des Unternehmens an. Diese können je nach Branche unterschiedlich hoch ausfallen. Ein Grafikdesigner benötigt in der Regel nur geringe Mittel, eine neue Gaststätte oder ein neuer Friseur benötigt ein bestimmtes Equipment mit einem höheren Kapitalbedarf, ein Produktionsunternehmen benötigt meist noch mehr Kapital.

Ersatzinvestitionen dienen dazu, die Leistungsfähigkeit des Unternehmens zu erhalten, indem nicht mehr nutzbare Investitionsobjekte durch neue gleichartige Investitionsobjekte ersetzt werden. Beispiel: Eine alte Maschine wird durch eine neue ersetzt. Im strengen Sinne liegt eine reine Ersatzinvestition dann vor, wenn die quantitativen und qualitativen Eigenschaften einer neuen Maschine im Vergleich zur vorherigen unverändert bleiben.

Rationalisierungsinvestitionen dienen der Steigerung der Leistungsfähigkeit des Unternehmens, indem vorhandene Investitionsobjekte durch neue Investitionsobjekte ersetzt werden, die technisch verbessert bzw. kostensparender sind. Beispiel: Die ausscheidende Maschine wird durch eine neue Maschine ersetzt, die über eine höhere Kapazität verfügt, vielleicht auch mit einer besseren Qualität. Vielfach wird unter Rationalisierung der Ersatz von Personal durch Maschinen (Automatisierung bis hin zu Industrierobotern) verstanden. Unternehmen streben in der Regel eine Produktivitätssteigerung an. Durch den permanenten technologischen Fortschritt wird der Ersatz von technisch überholten Investitionsobjekten durch effizientere angestrebt. Aus diesem Grund lassen sich Rationalisierungs- und Ersatzinvestition nicht immer genau voneinander abgrenzen.

Unter einer Erweiterungsinvestition versteht man Investitionen die der Erweiterung der betrieblichen Kapazität dienen. So werden neue Produktionshallen errichtet, um mehr produzieren zu können. Flughäfen denken oft an den Bau einer weiteren Start- und Landebahn, um mehr Flugbewegungen zu ermöglichen. Nutzt man beispielsweise einen Ersatz der alten Maschine zum Erwerb einer größeren Maschine, hat eine Ersatzinvestition darüber hinaus auch einen Erweiterungscharakter.

4. Planungsprozess

Der Planungsprozess für einzelne Investitionen läuft in mehreren Phasen ab, die nicht immer strikt voneinander getrennt betrachtet werden können.

Anregungsphase

In der Anregungsphase wird die Notwendigkeit für eine Investition wahrgenommen. Der Grund für eine Anregung kann vielfältig sein. In der Anregungsphase lassen sich interne und externe Anregungen unterscheiden. Die Anregungen können intern erfolgen, so bspw. von der Produktionsabteilung, die über das Nutzungsende, einen Ersatzbedarf, eine Qualitätsverschlechterung, auf überproportionale Kostensteigerungen oder Engpasssituationen aufmerksam macht. Auch von der Forschungs- und Entwicklungsabteilung können Vorschläge kommen bezüglich neuer Produkte, so entsteht bspw. bei der Umstellung von Verbrennungsmotoren auf Elektromotoren ein erheblicher Investitionsbedarf. Die Ideen können auch vom Marketingbereich kommen, die ein neues Produkt vermarkten möchten. Externe Anregungen kommen „von außen", das können Marktpartner oder auch Kunden sein. So verlangen Automobilkonzerne von ihren Zulieferern oft neue Produkte (wie bspw. Scheinwerfer) die erhebliche Investitionsaufwendungen auslösen können. Aber auch der Staat, der neue Gesetze erlässt, z.B. im Bereich Umweltschutz, die die Unternehmen erfüllen müssen, beeinflusst die Investitionstätigkeit. Das Investitionsvorhaben sollte konkret dargestellt und begründet werden. Die Dringlichkeit sowie Vorteile als auch mögliche Nachteile sollten gegenübergestellt werden.

Suchphase/Strukturierungsphase

Innerhalb der Such- oder Strukturierungsphase werden verschiedene Investitionsideen gefiltert, Investitionsalternativen werden beleuchtet, aber auch die Möglichkeit und Konsequenz beurteilt, falls die Investition nicht durchgeführt werden sollte. Es wird analysiert, welche Investitionsvorhaben dringlich und welche weniger dringlich erscheinen. Aus kommunaler Sicht könnte analysiert werden, ob vielleicht ein Museum oder ein Hallenbad gebaut werden soll, oder bestimmte Gebäude bzw. Straßen umfangreich saniert werden sollen. Es muss eine kritische Bestandsaufnahme durchgeführt werden. Zu berücksichtigen ist, ob „ein längeres Hinausschieben" von Sanierungsmaßnahmen gerade bei Straßen/Gebäuden später hohe Reparaturkosten nach sich ziehen. Innerhalb der Suchphase geht es auch darum, potentielle Standorte für die Errichtung von Bauten wie z. B. für ein neues Freibad zu eruieren. Durch eine erste, grobe Definition von Zielkriterien können vielversprechende Investitionsideen identifiziert und weiterverfolgt werden. Sollte es mehrere Alternativen geben, z. B. für den Dienstwagen des Behördenchefs, sollten die möglichen Alternativen (wie Wagenmodelle, Händler etc.) ausgelotet werden.

Planungsphase

Die Phase der Planung kann sehr aufwendig sein. Zunächst werden detaillierte Ziel- und Entscheidungskriterien definiert. Im Hinblick auf diese Kriterien werden die einzelnen Investitionsideen überprüft. Die relevanten Daten wie Kosten verschiedener Alternativen werden eingeholt (z. B. wenn es um einen neuen Dienstwagen geht). Es gilt auch die relevanten Rahmenbedingungen zu analysieren in finanzieller, rechtlicher, technischer, sozialer und umweltpolitscher Sicht. Wichtig ist es, insbesondere die eigenen finanziellen Möglichkeiten zu ermitteln. So sind viele Investitionsvorhaben nicht realisierbar, weil die finanziellen Ressourcen nicht vorhanden sind. Im Ruhrgebiet – und nicht nur dort – haben viele Kommunen ihre Hallen- oder Freibäder deshalb schließen müssen. Ferner sind sonstige Auswirkungen zu beachten. Können bei etwaigen Unterlassungen von Sanierungen Schadensersatzklagen drohen? Welche Umweltauswirkungen sind mit möglichen Investitionen verbunden? Es sollte auch abgewogen werden, ob politische Verwerfungen zu befürchten sein könnten. So gibt es bspw. beim Bau neuer Straßen oder Windkraftanlagen oftmals sehr kontroverse Meinungen der Bevölkerung, die es zu berücksichtigen gilt. Die Beschaffung sämtlicher Daten kann recht aufwendig sein, insbesondere dann, wenn es sich um langfristige und komplexe Investitionsvorhaben handelt. Die Planungsphase umfasst die Wirtschaftlichkeitsberechnung. Mit Hilfe verschiedener Investitionsberechnungsmethoden gilt es, die „vorteilhafteste" Alternative zu berechnen.

Entscheidungsphase

Innerhalb der Entscheidungsphase kommt es schließlich zur Auswahl einer bestimmten Investitionsidee bzw. Investitionsalternative. Es handelt sich dabei um jenes Projekt, welches aus der Planungsphase als das vorteilhafteste für das Unternehmen (die Behörde) hervorgeht. Die Realisierungsphase umfasst sämtliche Einzelaktionen, welche zur Umsetzung der geplanten Investition von der Realisierungsentscheidung bis zu deren Betrieb bzw. Zweckerfüllung getätigt werden. Diese bestehen in diversen Aktions-, Zeit-, und Kostenplänen.

Kontrollphase

Die Kontrollphase umfasst insbesondere die Überwachung und Steuerung im Sinne des Controllings. Sie soll mögliche Abweichungen von den investitionsspezifischen Ist-Größen zu den zuvor geplanten Soll-Größen ermitteln, ferner den zeitlichen Rahmen überwachen. Eine ständige Kontrolle ist bei langfristigen Bauprojekten (und nicht nur dort) sehr wichtig, denn bei einer frühzeitigen Erkennung von Störungen können rasch Anpassungsmaßnahmen eingeleitet werden. Eine sorgfältige Auswertung führt zu einem Lernprozess für kommende Planungen ähnlicher Investitionen, zumal offensichtlich wird, welche „versteckten Kosten" noch existieren, die für zukünftige (ähnliche) Projekte entsprechend berücksichtigt werden müssen. Insgesamt umfasst diese Phase eine Budget-, Kosten- und Zeitkontrolle, um gravierende Überschreitungen der Planwerte rasch erkennen zu können.

Die Investitionsrechnungen, die im Folgenden dargestellt werden, haben die Aufgabe, all diejenigen Merkmale eines Investitionsvorhabens, welche sich monetär bewerten lassen, aufzubereiten und zu verarbeiten. Den rechnerischen Verfahren kommt eine besondere Bedeutung zu. Die Wirtschaftlichkeit ist nur ein, aber durchaus wichtiges Beurteilungskriterium.

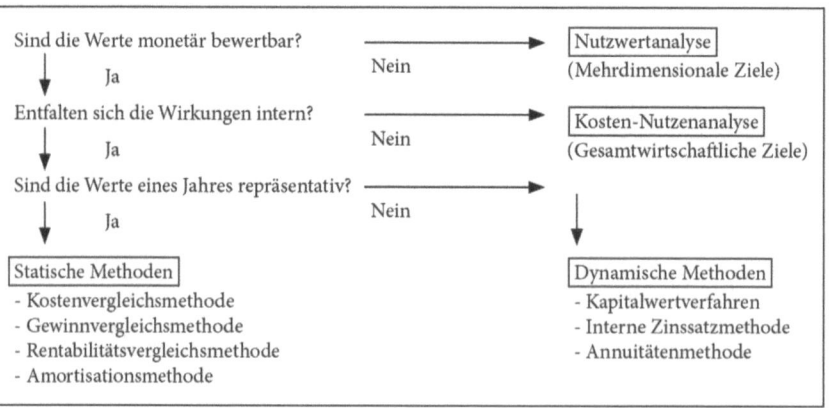

Abbildung 90: Entscheidungsmodell zur Auswahl des Investitionsrechnungsverfahrens bezüglich eines Investitionsprojektes.

XIII. Statische Verfahren

Statische Investitionsrechnungen werden in der betrieblichen Praxis gewöhnlich für vergleichsweise kleinere Investitionsvorhaben wie z. B. für den Kauf eines Kopierers oder eines Dienstwagens eingesetzt, weil sie recht einfach zu handhaben sind. Die Wirkungen sind monetär bewertbar. Statische Verfahren arbeiten mit Größen, die im Rechnungswesen erfasst werden, d. h. mit Kosten und Erlösen, Aufwendungen und Erträgen. Als „statisch" werden sie deshalb bezeichnet, weil eine Vereinfachung insofern besteht, als der zeitliche Anfall der Rechenelemente keinen Einfluss auf das Ergebnis der Rechnung nimmt. Die Analyse bezieht sich auf eine durchschnittliche repräsentative Periode. Die verwendeten Größen sollten daher im Zeitablauf nicht zu stark schwanken.

1. Kostenvergleichsrechnung

Die Kostenvergleichsrechnung gilt als Grundlage wie auch als recht einfaches Verfahren der statischen Investitionsrechnung. Kosten sind allgemein der wertmäßige Verzehr von Produktionsfaktoren zur Erstellung und Verwertung betrieblicher Leistungen und zur Sicherung der dafür notwendigen Kapazitäten. In der Kostenrechnung sollten alle Kosten, die mit dem Investitionsprojekt anfallen, berücksichtigt werden, wie bspw. Personalkosten Materialkosten, Wartungskosten, Miete, Energiekosten etc., ebenso die Kapitalkosten. Diese bestehen aus den kalkulatorischen Abschreibungen und den kalkulatorischen Zinsen.

Anschaffungskosten

Die Ermittlung der Anschaffungskosten ist bei kleineren Investitionsvorhaben in vielen Fällen ohne große Probleme möglich. Beim Kauf von großen Kopierern oder Dienstwagen, können in der Regel konkrete Angebote eingeholt werden. Berücksichtigt werden müssen gegebenenfalls zusätzlich anfallende Nebenkosten, um das Investitionsobjekt tatsächlich nutzen zu können. (Umbaukosten, Installationskosten, Notarkosten, Projektierungskosten).

Nutzungsdauer

Bei „externer Rechnungslegung" wie bspw. der Erstellung einer Gewinn- und Verlustrechnung oder einer Bilanz, müssen steuerliche Vorschriften berücksichtigt werden. In der Abschreibungstabelle für allgemein verwendbare Anlagegüter (kurz: „AfA-Tabelle AV") ist die betriebsgewöhnliche Nutzungsdauer für Anlagegüter ausgewiesen, die nicht branchenspezifisch genutzt werden. So wird ein PKW dort mit einer Nutzungsdauer von 6 Jahren angesetzt. Die AfA-Tabellen stellen keine bindende Rechtsnorm dar, aber die dort enthaltenen festgelegten Abschreibungssätze sind sowohl von der Rechtsprechung als auch von der Finanzverwaltung allgemein anerkannt. Die Investitionsrechnung hingegen ist eine „interne" Rechnung. Sie soll die spezifischen Belange des Unternehmens bzw. der Behörde berücksichtigen, deshalb werden hier Größen verwendet, die betriebsintern gewöhnlich sind. In der Regel wird daher die betriebsgewöhnliche Nutzungsdauer herangezogen, die es zu schätzen gilt. Wird ein PKW gewöhnlich 10 Jahre genutzt, so ist diese Nutzungsdauer auch in der Investitionsrechnung anzusetzen.

Abschreibungen

Als Abschreibungen bezeichnet man den Werteverzehr von abnutzbaren Vermögensgegenständen, deren Ursache hauptsächlich im gewöhnlichen Verschleiß begründet liegt. Abschreibungen dienen dazu, die Anschaffungs- und Herstellungskosten periodengerecht zu erfassen und auf die voraussichtliche Nutzungsdauer zu verteilen. Hierfür gibt es unterschiedliche Methoden, so die Abschreibung nach der Leistung, die degressive Abschreibung oder auch die lineare Abschreibung. In der Investitionsrechnung wird üblicherweise die lineare Abschreibung verwendet, sie verteilt die Anschaffungs- bzw. Herstellungskosten (AK) gleichmäßig auf die voraussichtlichen Nutzungsjahre (n). Abschreibungsbetrag: AK/n, die Anschaffungskosten werden durch die voraussichtliche Nutzungsdauer dividiert.

AK = Anschaffungskosten
n = Nutzungsdauer
RW = Restwert (Liquidationserlös)

Als Beispiel sei angenommen, dass die Anschaffungskosten eines PKW 20.000 Euro betragen, der gewöhnlich 10 Jahre in diesem Unternehmen/Behörde benutzt wird. Um den Werteverzehr zu ermitteln müssen die 20.000 Euro durch 10 Jahre dividiert werden, so dass sich ein jährlicher Abschreibungsbetrag von 2.000 Euro ergibt (sofern kein Restwert einkalkuliert wird).

$$kalk.\ Abschreibung = \frac{AK}{n} = \frac{20.000}{10} = 2.000$$

Restwert

In den Investitionsrechnungen sind nicht nur die Anschaffungskosten zu berücksichtigen, sondern auch gegebenenfalls der Betrag, der für ein Investitionsobjekt noch zu erlangen ist, wenn es ausscheidet. Dieser Betrag ist zu schätzen, was wegen des meist mehrere Jahre zu überbrückenden Zeitraumes schwierig ist. Aber oft gibt es Erfahrungswerte. Bei PKWs z. B. kann man sich an der Schwackeliste orientieren, die den zustandsneutralen Restwert von gebrauchten Kraftfahrzeugen anhand des Fahrzeugtyps, des Baujahres, der Ausstattung und des Kilometerstandes auf dem deutschen Markt angibt. Es wird unterstellt, dass ein solcher Wagen auch zu diesem

1. Kostenvergleichsrechnung   117

Restwert verkauft werden kann, weshalb oft auch der Begriff Liquidationserlös verwendet wird.

Sollte in diesem Beispiel, bei Anschaffungskosten in Höhe von 20.000 Euro, noch ein Restwert in Höhe von 4.000 Euro einkalkuliert werden, so ist dieser von den Anschaffungskosten abzuziehen: (20.000 – 4.000), so dass der Werteverzehr insgesamt über die 10 Jahre betrachtet 16.000 Euro beträgt. Dies ergibt einen jährlichen Abschreibungsbetrag in Höhe von (16.000 Euro/10 Jahre) = 1.600 Euro. Der Restverkaufserlös wird vom Anschaffungspreis in Abzug gebracht, da er der Unternehmung nach Nutzung des Projektes in Form eines Liquidationserlöses wieder zufließt und somit keinen Werteverzehr darstellt.

$$kalk.\ Abschreibung = \frac{AK - RW}{n} = \frac{20.000 - 4.000}{10} = 1.600$$

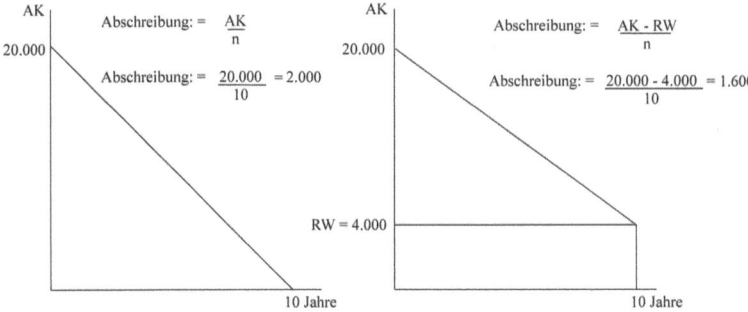

Abbildung 91: Kalkulatorische Abschreibungen

Kalkulatorische Zinsen

Zu den kalkulatorischen Kosten zählen auch die kalkulatorischen Zinsen, die in der Investitionsrechnung berücksichtigt werden. Allgemein wird deren Berücksichtigung damit begründet, dass das vom Unternehmer zinslos in seinem Unternehmen eingesetzte Eigenkapital eine fiktive Verzinsung erhält. Hätte er sein Eigenkapital nicht in seinem Unternehmen investiert, sondern auf dem Kapitalmarkt angelegt, würde er eine Verzinsung erhalten. Dieser entgangene Zins wird als Opportunitätskosten (oder Alternativkosten) bezeichnet. Zur Berechnung der kalkulatorischen Zinsen bedarf es der Ermittlung des zugrunde gelegten Kapitals wie auch der Höhe des Zinssatzes. Zweckmäßigerweise werden die kalkulatorischen Zinsen auf der Grundlage von Durchschnittswerten ermittelt, in der Regel unterstellt man eine gleichmäßige Abnahme des über den Zeitraum der Investition gebundenen Kapitals.

Bestehen keine Restwerte, so ergibt sich das durchschnittlich gebundene Kapital durch die Halbierung der Anschaffungskosten, da unterstellt wird, das gebundene

Kapitel vermindere sich kontinuierlich. Unterstellt man einen gleichmäßigen Werteverzehr der eingesetzten Mittel und keinen Restwert am Ende der Nutzungsperiode, so gilt:

$$durchschn.\ geb.\ Kapital = \frac{AK}{2}$$

Zu Beginn der Anschaffung hat der Wagen einen Wert von 20.000 Euro, nach einem Jahr – bei einer Abschreibung von 2.000 Euro – hat der Wagen noch einen Wert von 18.000 Euro, nach 2 Jahren noch 16.000 Euro usw. Nach 9 Jahren weist der Wagen noch einen Wert von 2.000 Euro auf, nach 10 Jahren ist er vollständig abgeschrieben, der Wert ist dann gleich 0. Folglich hat der Wagen im Durchschnitt einen Wert von 10.000 Euro, das durchschnittlich gebundene Kapital beträgt folglich 10.000 Euro.

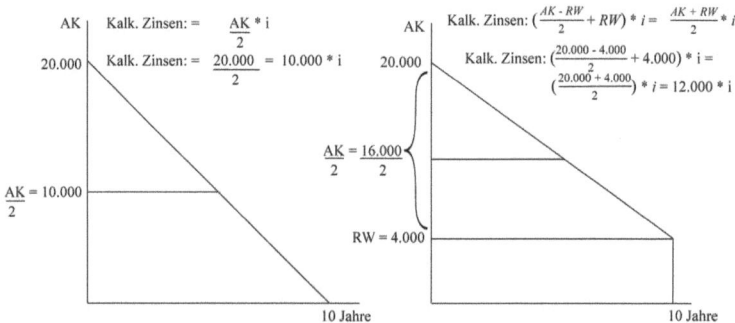

Abbildung 92: Kalkulatorische Zinsen

Kann am Ende der Nutzungsdauer noch ein Restwert realisiert werden, muss dies bei der Berechnung noch berücksichtigt werden. Da der Restwert erst am Ende der Nutzung erlöst werden kann, stellt dieser Wert während der gesamten Laufzeit der Investition gebundenes Kapital dar, und erhöht die durchschnittliche Kapitalbindung entsprechend.

$$durchschnittlich\ geb.\ Kapital = \frac{AK - RW}{2} + RW = \frac{AK + RW}{2}$$

Für dieses Beispiel ergibt sich:

$$durchschnittlich\ geb.\ Kapital = \frac{20.000 - 4.000}{2} + 4.000$$

$$= \frac{20.000 + 4.000}{2} = 12.000$$

1. Kostenvergleichsrechnung

In einigen Fällen kann durchaus ein negativer Restwert in Betracht kommen. Dies kann z. B. sein, weil noch zusätzlich Kosten wie der Abbau eines Gebäudes, Demontage einer Heizung oder Ähnliches berücksichtigt werden müssen.

Zur Berechnung des Kapitaldienstes müssen noch die Zinsen einbezogen werden und mit dem durchschnittlich gebundenen Kapital multipliziert werden. Die Höhe des gewählten Zinssatzes enthält gewisse Spielräume; es gibt nicht „den richtigen" Zinssatz. In der Regel wird vor der Durchführung eines Investitionsprojektes ein Zinssatz festlegt, der mindestens von diesem Projekt erwartet wird. Der Kalkulationszinssatz ist somit eine subjektive Mindestverzinsungsanforderung des Investors an sein Investitionsobjekt.

Einflussgrößen sind:
- Habenzinssatz (bei Einsatz von Eigenkapital)
- Sollzinssatz (bei Aufnahme von Fremdkapital)
- Risiko der Investition
- subjektive Einflüsse

Wird der das Investitionsvorhaben ausschließlich mit eigenen Mitteln finanziert, so bildet der Habenzins, der Zinssatz den ein Unternehmer erhalten kann wenn er das Geld am Kapitalmarkt anlegt grundsätzlich die absolute Untergrenze. Der Kalkulationszinssatz sollte im Regelfall aber (deutlich) über diesem Habenzinssatz liegen, da der Investor mit dem Investitionsvorhaben ein gewisses Risiko eingeht, für das er entsprechend entlohnt werden sollte. Je größer das mit der Durchführung des Investitionsvorhabens verbundene Risiko, desto höher sollte der Kalkulationszinssatz im Allgemeinen gewählt werden.

Im Fall der vollständigen Fremdfinanzierung bildet der Zinssatz für die aufgenommenen Kredite die absolute Untergrenze des Kalkulationszinssatzes. Der Kalkulationszinssatz kann unter ökomischen Erwägungen heraus nicht kleiner sein als der Zinssatz, den der Investor für die Überlassung des Fremdkapitals zahlen muss. Auch hier sollte ein Zuschlag für das eingegangene Risiko mit einkalkuliert werden.

Unternehmen finanzieren sich üblicherweise mit einer Mischung aus Eigen- und Fremdkapital. In solchen Fällen wird vorgeschlagen, einen Mischzinssatz heranzuziehen. Hinzu kommt der angesprochene Risikozuschlag. Auch hier hilft es zu beachten, dass es sich nicht um eine objektiv quantifizierbare Größe handelt.

Das Problem ist, wie bereits angedeutet, dass es „den Zins" nicht gibt. Am Kapitalmarkt gibt es nicht nur einen, sondern viele Haben- und Sollzinssätze, so dass schon der Basiszinssatz nicht eindeutig fixiert werden kann. Der Risikozuschlag, der das mit dem Investitionsvorhaben verbundene Risiko erfassen soll, ist objektiv nicht quantifizierbar. Zudem gibt es noch gewisse individuelle und damit sehr subjektive Einflüsse, die geltend gemacht werden. Daher werden in der Praxis unterschiedliche Zinssätze herangezogen, sie liegen meist in einer Spanne zwischen 6–12%.

Für die Berechnung der kalkulatorischen Zinsen gilt; ohne Restwert:

$$\text{durchschn. geb. Kapital} = \frac{AK}{2} * i$$

Mit Restwert:

$$\text{durchschnittlich geb. Kapital} = \left(\frac{AK - RW}{2} + RW\right) * i = \frac{AK + RW}{2} * i$$

Einzelinvestition – Alternativenvergleich

Ein Unternehmen oder eine Behörde interessiert es zu erfahren, wie hoch die Kosten einer einzelnen Investition ausfallen, häufig geht es um eine Entscheidung zwischen zwei oder auch mehreren Alternativen. So gibt es bezüglich der Anschaffung eines Wagens verschiedene Modelle, unter denen gewählt werden kann. Zur Entscheidung, welches Auto kostengünstiger ist, können die durchschnittlichen Jahreskosten oder auch die durchschnittlichen Kosten je km herangezogen werden.

Eine Investition A gilt als wirtschaftlicher im Vergleich zu einer Investition B, wenn ihre durchschnittlichen Jahreskosten geringer sind, oder: Investition A ist wirtschaftlicher als Investition B, wenn ihre durchschnittlichen Kosten je Leistungseinheit (Stück, km) geringer sind als die der Alternative B.

Jahreskosten – bei gleicher quantitativer und qualitativer Leistung der Investitionsalternativen: $K_G = K_F + k_v * M$

Stückkosten – bei unterschiedlicher quantitativer Leistung der Investitionsalternativen: Stückkosten: $kg = K_G/M$

K_G = Gesamtkosten
K_F = Summe der Fixkosten
k_v = variable Stückkosten
M = Menge

Für die Analyse ist es praktisch, zwischen den fixen Kosten (deren Höhe unabhängig von der Produktionsmenge sind wie Miete, Abschreibungen, kalk. Zinsen) und den variablen Kosten (deren Höhe abhängig von der Produktionsmenge sind wie Material, Rohstoffe) zu unterscheiden.

Beispiel:

Die Stadt Bad Driburg beabsichtigt, für ihren Bauhof einen neuen Kleintransporter anzuschaffen. Folgende Daten für zwei Alternativen liegen vor:

Alternative 1 ist ein „Benziner", er kostet 30.000 Euro, der Restwert wird auf 10.000 Euro geschätzt. An Steuern/Versicherungen fallen 3.500 Euro jährlich an, pro km verursacht der Transporter variable Kosten (Benzin) in Höhe von 0,30 Euro.

Die Alternative 2 ist ein „Diesel", er kostet 50.000 Euro, der Restwert beträgt voraussichtlich 15.000 Euro. An Steuern/Versicherungen fallen 4.000 Euro jährlich an. Die variablen Kosten betragen 0,20 Euro je km.

Es wird eine Laufleistung von 30.000 km jährlich unterstellt. Die voraussichtliche Nutzungsdauer beträgt 5 Jahre. Unterstellt sei ein Zinssatz von 8%.

	Benziner	Diesel
AK	30.000	50.000
RW	10.000	15.000
Laufleistung in km	30.000	30.000
Nutzungsdauer	5 Jahre	5 Jahre
Abschreibungen (AK–RW/5 Jahre)	4.000	7.000
Zinsen (AK+RW)/2*i	1.600	2.600
sonstige fixe K.	3.500	4.000
Summe fixe K.	9.100	13.600
variable Kosten je km 0,3 bzw.0,2	9.000	6.000
Gesamte Kosten	18.100	19.600
Kosten je km	0,60	0,65

Die Stadt hat in diesem Beispiel die Wahl zwischen einem Benziner und einem Diesel. Der Diesel ist in der Anschaffung im Allgemeinen deutlich teurer, im „laufenden Betrieb" aber günstiger als ein Benziner. Bei diesen Werten wäre der Benziner zu bevorzugen, da er mit 18.100 Euro die geringeren Kosten verursacht. Bei Kostenvergleichen gilt zu beachten, dass die Qualität der zu vergleichenden Alternativen „in etwa" gleichwertig sein muss.

Bei einem Vergleich unter mehreren Alternativen wird mit Hilfe der Kostenvergleichsmethode das günstigste Modell ermittelt und damit eine Entscheidungsempfehlung unter rein wirtschaftlichen Aspekten abgegeben. Es können aber noch andere Kriterien herangezogen werden, die bezüglich der Auswahl wichtig und zu berücksichtigen sind und zu einer anderen Auswahlentscheidung führen können. Bei einer Hochschule bspw. sind leistungsfähige Kopierer ganz wichtig, insbesondere der Service, dies gilt insbesondere mit Blick auf die Vervielfältigungen zu Klausurzeiten. Ein etwas teurer Kopierer mit raschem Serviceangebot könnte das Gegenangebot eines günstigeren Kopierers aber mit schlechtem Service „toppen". Legendär ist die Aussage des baden-württembergischen Ministerpräsidenten Kretschmann: „Ein baden-württembergischer Ministerpräsident fährt einen Daimler – „Basta – ich nehme einen Daimler S-Klasse, ich kann doch keinen Fiat fahren." Es kann im Ermessen des Entscheidungsträgers liegen, sich nach der Empfehlung der Kostenvergleichsrechnung zu richten oder aber unter Hinzuziehung weiterer relevanter Kriterien eine andere Wahl zu treffen.

Auswahlentscheidung unter Einbezug der „kritischen Menge"

Die gesamten Kosten sind abhängig von der Menge, in diesem Beispiel von der Anzahl der gefahrenen Kilometer. Diese ist im Voraus nicht immer bekannt. Sie muss geschätzt werden, was letztlich die Reihenfolge des Ergebnisses verändern kann. Die „kritische Menge" gibt an, bei welcher km-Laufleistung („Menge") die Kosten beider Alternativen gleich hoch sind. Dazu müssen die Kosten in fixe und variable Kosten unterteilt werden. Die Gesamtkosten des Benziners (A) sind dann gleichzusetzen mit den Gesamtkosten des Diesels (B). Die Gesamtkosten setzen sich jeweils aus den gesamten fixen Kosten (K_F) und den gesamten variablen Kosten (K_V) zusammen. Die gesamten variablen Kosten (K_V) ergeben sich aus den variablen Stückkosten k_v (in diesem Beispiel km) multipliziert mit der Menge (M, hier mit der km-Laufleistung). Aufzulösen ist nach der Menge M (bzw. km):

$$
\begin{aligned}
\text{Gesamtkosten A} &= \text{Gesamtkosten B} \\
K_{FA} + K_{VA} &= K_{FB} + K_{VB} \\
K_{FA} + k_{vA} * M &= K_{FB} + k_{vB} * M \quad \text{(nach M auflösen: } - K_{FB}) \\
K_{FA} - K_{FB} + k v_A * M &= k_{vB} * M \quad (- k_{vA} * M) \\
K_{FA} - K_{FB} &= k_{vB} * M - k_{vA} * M \\
K_{FA} - K_{FB} &= (k_{vB} - k_{vA}) * M \quad (: (k_{vB} - k_{vA})) \\
\\
M &= \frac{K_{FA} - K_{FB}}{k_{vB} - k_{vA}}
\end{aligned}
$$

Zu beachten gilt, dass die variablen Stückkosten, nicht hingegen die gesamten Stückkosten, zu berücksichtigen sind. Für das obige Beispiel folgt:

	Benziner (A)	Diesel (B)
Fixe Kosten	9.100	13.600
Variable Stückkosten (km)	0,3	0,2

$$
M = \frac{KFA - KFB}{kvB - kvA} \quad \frac{9.100 - 13.600}{0,2 - 0,3} = 45.000 \text{ km}
$$

Bei einer Kilometerleistung von 45.000 km verursachen beide Alternativen gleich hohe Kosten, mit jährlich 22.600 Euro. Dies lässt sich überprüfen:

Gesamtkosten (Benziner):
$K_{FA} + k_{vA} * \text{km} = 9.100 + 0,3 * 45.000 \text{ km} = 22.600 \text{ Euro}$

Gesamtkosten (Diesel):
$K_{FB} + k_{vB} * \text{km} = 13.600 + 0,2 * 45.000 \text{ km} = 22.600 \text{ Euro}$

Da man oftmals nicht genau weiß, wie viele Kilometer der neue Transporter fahren wird, hat man daher abzuschätzen, ob eine Unter- bzw. Überschreitung der Kritischen Menge wahrscheinlicher ist und danach die Auswahl der Alternative vorzunehmen. Geht man davon aus, dass wohl mehr als 45.000 km gefahren werden,

1. Kostenvergleichsrechnung 123

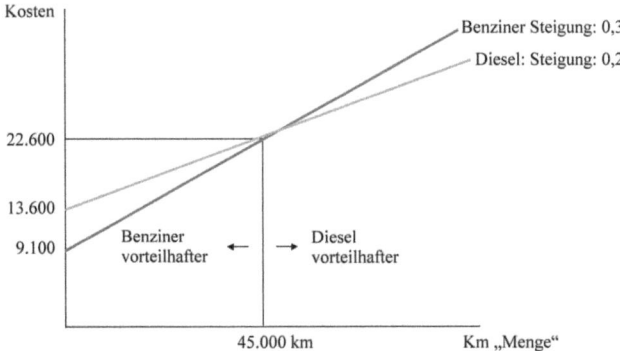

Abbildung 93: Kritische Menge

so ist der Diesel die günstigere Variante. Geht man hingegen davon aus, dass die Laufleistung weniger als 45.000 km betragen wird, ist der Benziner die günstigere Alternative. Es muss nicht immer einen Schnittpunkt geben. Ein Auto der Spitzenklasse beispielsweise hat sowohl höhere Fixkosten als auch höhere variable Kosten als ein Auto aus dem unteren Segment.

Ersatzproblem:

Häufig stellt sich die Frage, ob es vorteilhafter ist, ein in Betrieb befindliches noch nutzbares Auto (oder Anlage) durch ein neues Auto (oder Anlage) zu ersetzen. Ein altes Auto kann durchaus noch nutzbar sein, allerdings könnten die Reparaturkosten – wie meist üblich – deutlich steigen und es überlegenswert erscheinen lassen, einen neuen Wagen zu erwerben, das insgesamt geringere jährlichen Kosten aufweist.

Der Ersatz ist vorteilhaft, wenn die durchschnittlichen Kosten der vorhandenen Anlage (Wagen) in der Vergleichsperiode höher sind als die durchschnittlichen Kosten der neuen Anlage (Wagen).

Bei der der Berechnung der Kalkulatorischen Kosten für die *Altanlage (Altwagen)* gilt Folgendes zu beachten:

Kalkulatorische Abschreibung

$$kalk.\ Abschreibung = \frac{AWo - RWn}{n}$$

AW_o = aktueller Wert zum jetzigen Entscheidungszeitpunkt t_0
RW_n = Restwert am Ende der restlichen Nutzungsdauer t_n
n = restliche Nutzungsdauer

Kalkulatorische Zinsen

$$kalk.\ Zinsen = \frac{AWo + RWn}{2} * i$$

Beispiel:

Die Stadt Bad Driburg hatte den Transporter mit Benzinmotor angeschafft. Nach drei Jahren wird der Stadt vom lokalen Kfz-Händler ein Angebot für einen E-Transporter unterbreitet. Er kostet 80.000 Euro, voraussichtliche Nutzungsdauer 5 Jahre mit einem Restwert von voraussichtlich 20.000 Euro. Es fallen Steuern/Versicherungen von 3.000 Euro an, voraussichtliche Reparaturkosten in Höhe von 1.000 Euro, die variablen Kosten je km werden mit 0,25 Euro angesetzt.

Die Stadt steht vor der Überlegung eines Ersatzautos. Dabei stellt sie bei dem Altwagen (Benziner) folgende Überlegungen an: Er hat einmal 30.000 Euro (AK) gekostet. Aktuell hat er einen Wert von 12.000 Euro (AW_o). Voraussichtlich würde die Stadt den Wagen noch 3 Jahre nutzen, dann würde der Wagen wohl noch einen Restwert in Höhe von 6.000 Euro (RW_n) aufweisen. Die variablen Kosten pro km würden (wie beim Kauf damals) noch weiterhin mit 0,30 Euro unterstellt. Da der Wagen schon älter ist, fallen zukünftig voraussichtlich deutlich höhere Reparaturkosten an in Höhe von 5.000 Euro jährlich. An Steuern/Versicherungen fallen mittlerweile jährlich 2.000 Euro an. Insgesamt geht man nun von einer jährlichen Fahrleistung von 40.000 km aus.

Während bei der Berechnung des neuen Wagens genau so verfahren wird wie bisher, ergeben sich bei der Berechnung der jährlichen Kosten für den Altwagen einige kleinere Abweichungen bei den Kapitalkosten. Es werden hier nicht mehr die damaligen Ausgangswerte zugrunde gelegt als der Wagen neu angeschafft wurde, sondern die aktuellen Werte und Annahmen. Für die Abschreibungen werden nicht die ursprünglichen Anschaffungskosten von 30.000 Euro zugrunde gelegt, sondern der aktuelle Wert (zum Entscheidungszeitpunkt t_o) in Höhe von 12.000 Euro und der voraussichtliche Restwert in 3 Jahren (RW_n).

$$kalk.\ Abschreibung = \frac{AWo - RWn}{n} = \frac{12.000 - 6.000}{3} = 2.000$$

Ähnlich wird auch bei den kalkulatorischen Zinsen verfahren. Es wird der aktuelle Wert des Wagens zur Berechnung herangezogen und der Restwert in 3 Jahren.

$$kalk.\ Zinsen = \frac{AWo + RWn}{2} * i = \frac{12.000 + 6.000}{2} * 0,08 = 720$$

	Alternative 1 Benziner Weiternutzung	Alternative 2 E-Auto Neuanschaffung
Anschaffungskosten AK	30.000	80.000
Aktueller (Rest-)Wert RWo	12.000	-
Erwarteter Restwert in 3 Jahren RWn	6.000	-
Erwarteter Restwert in 5 Jahren	-	20.000
Steuern/Versicherung p. a.	2.000	3.000
Reparaturen/Wartung	5.000	1.000
Voraussichtliche Leistung p. a.	40.000 km	40.000 km
Vor. Nutzungsdauer	Restliche 3 Jahre	5 Jahre
Variable Kosten pro km	0,30	0,25
Kalkulatorischer Zinssatz	8 %	8 %
Abschreibungen	2.000	12.000
Zinsen	720	4.000
Steuern/Versicherungen	2.000	3.000
Reparaturen/Wartung	5.000	1.000
Summe fixe Kosten	9.720	20.000
Variable Kosten	12.000	10.000
Gesamtkosten	21.720	30.000

Die Kosten der Weiternutzung des Benziners sind mit 21.720 Euro geringer als die Kosten einer Neuanschaffung eines E-Autos (30.000 Euro). Zwar sind in diesem Beispiel die (voraussichtlichen) Reparaturkosten des Altwagens deutlich höher als bei einem Neuwagen (was gewöhnlich zutrifft), aber die Kapitalkosten in Form von Abschreibungen und Zinsen sind aufgrund des höheren Kapitalwertes des neuen Wagens deutlich teurer, die letztlich ausschlaggebend sind für die höheren Kosten.

2. Gewinnvergleichsrechnung

Die Kostenvergleichsmethode wird herangezogen, wenn lediglich die Kosten von Interesse sind, so bspw. beim Erwerb eines neuen Kopierers oder eines neuen Dienstwagens für den Bürgermeister. Mit einer reinen Kostenvergleichsrechnung kommt man nicht mehr aus, wenn den jeweiligen Alternativen Erlöse (Umsätze) zuzurechnen sind. Dann interessiert in der Regel der Gewinn:

$$\text{Gewinn} = \text{Erlöse (Umsatz)} - \text{Kosten}$$

Die Gewinnvergleichsrechnung ist quasi eine Erweiterung der Kostenvergleichsrechnung. Die Kosten werden so ermittelt, wie bisher in der Kostenvergleichsmethode auch. Zusätzlich muss noch der Umsatz (Erlös) mit einbezogen werden.

Ein einzelnes Investitionsobjekt ist dann absolut vorteilhaft, wenn der Gewinn größer als Null ist.

Bei verschiedenen Alternativen ist diejenige Alternative vorteilhaft, wenn dessen Gewinn größer ist als der jedes anderen alternativen Objekts ist (Beurteilung Auswahlentscheidung).

Beispiel:

Die Stadtwerke möchten neben dem Hallenbad noch separat eine kleine Solariumlandschaft errichten. Nach Rücksprache mit dem Hersteller „Solariumspaß" kommen zwei unterschiedliche „Solariumlandschaften" in Betracht.

Solariumlandschaft „Allgäu": hat Anschaffungskosten in Höhe von 50.000 Euro für die Solarien. An fixen Betriebskosten fallen jährlich an: 4.000 Euro, kalkuliert werden für Reinigungskräfte: 6.000 Euro jährlich, Stromkosten je Nutzung 0,50 Euro. Die Besucher/Nutzer müssen 2 Euro für eine einmalige Nutzung zahlen. Es werden 15.000 Nutzer jährlich erwartet. Restwert der Solarien: 10.000 Euro.

Die Solariumlandschaft „Graubünden" ist etwas luxuriöser. Daher belaufen sich die Anschaffungskosten auf 60.000 Euro. An jährlichen Betriebskosten fallen 5.000 Euro an, für Reinigungskräfte: 6.000 Euro. Stromkosten je Nutzung 0,60 Euro. Die Besucher müssen für jede Nutzung 2,50 zahlen, es werden 16.000 Nutzer jährlich erwartet. Restwert der Solarien: 15.000 Euro.

Welche Solariumlandschaft sollte nach der Gewinnvergleichsrechnung angeschafft werden? Bei beiden Alternativen gilt eine Nutzungsdauer von 5 Jahren, als kalkulatorischer Zinssatz sei 7% unterstellt.

	Allgäu	Graubünden
AK	50.000	60.000
RW	10.000	15.000
Nutzungsdauer	5	5
Betriebskosten	4.000	5.000
Stromkosten je Besucher	0,50	0,60
Reinigungskosten	6.000	6.000
Zinssatz	7%	7%
Besucher	15.000	16.000
Preis je Besucher	2,00	2,50
Abschreibungen (AK–RW)/n	8.000	9.000
Zinsen (AK+RW)/2*i	2.100	2.625
Reinigungskosten	6.000	6.000
Betriebskosten	4.000	5.000
Stromkosten	7.500	9.600

	Allgäu	Graubünden
Kosten gesamt	27.600	32.225
Erlöse insgesamt	30.000	40.000
Gewinn	2.400	7.775

In diesem Beispiel ist der Gewinn bei dem Modell „Graubünden" höher im Vergleich zur Alternative „Allgäu". Daher sollte sich die Kommune für das Modell „Graubünden" entscheiden.

Zu bedenken ist, dass die betriebswirtschaftliche Investitionsrechnung davon ausgeht, dass ein privates Unternehmen eine Investition nur dann durchführen sollte, wenn ein Gewinn erzielt werden kann, ansonsten sollte es eine solche Investition unterlassen. Im staatlichen Bereich spielt das Gemeinwohl eine wichtige Rolle. Kommunen bieten oftmals Leistungen an, bei denen von vornherein offensichtlich ist, dass ein Gewinn nicht zu erzielen ist. Gewisse Leistungen im Bereich der „Daseinsvorsorge" sollten Bürgern jedoch angeboten werden. Daseinsvorsorge ist juristisch betrachtet ein unbestimmter Rechtsbegriff, darunter können aber alle Dienstleistungen einer Kommune verstanden werden, an deren Erbringung ein allgemeines öffentliches Interesse besteht. Kommunen bieten Besuche im Hallenbad und/oder im Freibad an. Solche Einrichtungen sind in der Regel defizitär. Der operative Kostendeckungsgrad (ohne Abschreibung, Zinsen) liegt oftmals bei lediglich ca. 30%. Rund 5–10 Euro je Besucher müssen deshalb durch die Kommunen bezuschusst werden. Auch die Instandhaltung ist teuer. Nach reinen Wirtschaftlichkeitskriterien wäre ein Hallenbad/Freibad nach gängigen Investitionsrechnungsverfahren nicht zu empfehlen. Bäder werden, ähnlich wie Sportstätten, aber als wichtige soziale Infrastruktureinrichtungen geschätzt. Sie dienen u. a. als gesellschaftliche Interaktionsstätte und können dem Bewegungsmangel bei Kindern und Jugendlichen entgegenwirken. Der Nutzen von Bädern, wie der von anderen sozialen Infrastrukturen, lässt sich nur schwer nach Wirtschaftlichkeitskriterien bemessen. Das Schließen von Bädern erschwert massiv den Schwimmunterricht. Es zeigt sich, dass Kinder und Jugendliche aus sozial schwächeren Gruppen ein höheres Risiko für Bewegungsmangel und Übergewicht aufweisen. Daher muss geprüft werden, inwiefern ein mögliches Defizit, das nicht zu hoch sein sollte, durch die Kommune aufgefangen werden kann. Ziel könnte dann eventuell lauten, den Zuschussbedarf nicht zu hoch ausfallen zu lassen.

3. Rentabilitätsrechnung

Bei Gewinnvergleichsrechnungen kann es sein, dass eine Alternative den höchsten Gewinn verzeichnet, die allerdings auch (mit Abstand) den höchsten Kapitaleinsatz aufweist. Die Rentabilitätsberechnung bezieht den Gewinn auf das

Kapital, ein wichtiger Maßstab zur Erfolgsmessung. In allgemeiner Form wird der Gewinn ins Verhältnis zum eingesetzten Kapital gesetzt:

$$Rentabilität = \frac{Gewinn}{eingesetztes\ Kapital} = \frac{8.000}{100.000} = 8\%$$

Die Rentabilität wird meist als Prozentsatz angegeben. Sollte ein Investor in ein Projekt 100.000 Euro investieren und einen Gewinn in Höhe von 8.000 Euro erzielen, so hat sich sein eingesetztes Kapital in Höhe von 8% verzinst.

In der Investitionsrechnung werden einige kleinere Modifikationen vorgenommen. Zunächst ist der Gewinn zu berechnen, der aber nicht durch die kalkulatorischen Zinsen gemindert sein darf. Dies deshalb nicht, weil die Rentabilität, also die Verzinsung des Kapitals ermittelt werden soll, da kann man nicht – wie bisher – eine gewünschte Verzinsung vorgeben. Der Gewinn (ohne kalk. Zinsen) wird in der Investitionsrechnung auf das durchschnittlich gebundene Kapital bezogen.

$$Durchschnittlich\ geb.\ Kapital = \frac{AK - RW}{2} + RW = \frac{AK + RW}{2}$$

$$Rentabilität = \frac{Gewinn\ (ohne\ kalk.\ Zinsen)}{durchschnittlich\ geb.\ Kapital}$$

		Allgäu	Graubünden	
Abschreibungen (AK–RW)/n		8.000	9.000	
Zinsen (AK+RW)/2*i		-	-	
Reinigungskosten		6.000	6.000	
Betriebskosten		4.000	5.000	
Stromkosten		7.500	9.600	
Kosten gesamt		25.500	29.600	
Erlöse insgesamt		30.000	40.000	
Gewinn		4.500	10.400	
Rentabilität (geb. Kap.)	(30.000)	15,00 %	27,73 %	(37.500)

Ohne die kalk. Zinsen würde der Gewinn 4.500 bzw. 10.400 Euro betragen. Bezogen wird der Gewinn auf das durchschnittlich gebundene Kapital (hier für das Modell Allgäu):

$$Durchschnittlich\ geb.\ Kapital = \frac{AK + RW}{2} = \frac{50.000 + 10.000}{2} = 30.000$$

Für das Modell Allgäu würde der Gewinn in Höhe von 4.500 Euro bezogen auf das durchschnittlich gebundene Kapital in Höhe von 30.000 Euro eine Rentabilität von 15% ergeben. Für das Modell Graubünden würde sich sogar ein Wert von 27,73% (10.400 Euro Gewinn bezogen auf 37.500 Euro durchschnittlich gebundenes Kapital) ergeben.

Zu bedenken gilt, dass die Rentabilitäten in der Investitionsrechnung höher ausfallen, als beim „normalen Verständnis des Rentabilitätsbegriffes", denn dort würde der Gewinn von 4.500 Euro auf das eingesetzte (gesamte) Kapital und nicht auf das durchschnittlich gebundene Kapital bezogen.

Wurde schon die Gewinnvergleichsrechnung herangezogen und soll dann noch die Rentabilität berechnet werden, so muss nicht noch einmal die gesamte Kalkulation berechnet werden. Es reicht, aus dem Gewinn aus der Gewinnvergleichsrechnung in Höhe von 2.400 Euro die kalkulatorischen Zinsen (2.100 Euro) zu addieren, so erhält man die 4.500 Euro Gewinn ohne kalk. Zinsen.

Gewinn (aus Gewinnvergleichsrechnung):	2.400 Euro
+ kalk. Zinsen:	2.100 Euro
= Gewinn ohne kalk. Zinsen	4.500 Euro

Die kalk. Zinsen müssen dem Gewinn hinzuaddiert werden, da die kalk. Zinsen als Kosten den Gewinn in der Gewinnvergleichsrechnung mindern. Ohne die kalk. Zinsen würde der Gewinn entsprechend höher ausfallen.

Der Vorteil bei der Rentabilitätsberechnung liegt darin, dass der Gewinn auf das (durchschnittlich gebundene) eingesetzte Kapital bezogen wird. Es kann folglich durchaus sein, dass gemäß der Gewinnvergleichsrechnung eine bestimmte Alternative, diejenige mit dem höchsten Gewinn, bevorzugt wird, bei der Rentabilitätsberechnung aber eine andere Alternative, diejenige mit der höchsten Verzinsung, bevorzugt wird. Diese können durchaus voneinander abweichen, insbesondere dann, wenn die Alternative mit dem höheren Gewinn einen deutlich höheren Kapitaleinsatz erfordert.

4. Statische Amortisationsrechnung

Die Amortisationsvergleichsrechnung knüpft prinzipiell an die bisherigen Methoden an und dient zur Einschätzung des Risikos. Die Amortisationsrechnung stellt sich die Frage, wie lang der Zeitraum ist, innerhalb dessen das für ein bestimmtes Investitionsvorhaben eingesetzte Kapital wieder zurückgeflossen ist. Es sollte die Alternative gewählt werden, die eine schnellere Amortisation des eingesetzten Kapitals verspricht.

Die Amortisationsdauer wird wie folgt berechnet:

$$Amortisationsdauer\ tA = \frac{AK - RW}{Durchschnittlicher\ Rückfluss}$$

t_A = Amortisationsdauer (t steht für time)

Es werden die ursprünglichen Anschaffungskosten angesetzt. Sollte ein Restwert kalkuliert werden, so ist dieser in Abzug zu bringen, der damit den Betrag reduziert, der amortisiert werden muss.

Der durchschnittlich jährliche Rückfluss ist die Differenz zwischen den jährlichen Auszahlungen und Einzahlungen. Das ist aber bei einer statischen Investitionsrechnung nicht möglich, da sie lediglich mit Kosten und Erlösen rechnet. Der jährliche Rückfluss wird näherungsweise ermittelt, indem die nichtzahlungswirksamen Kosten (Abschreibungen und kalk. Zinsen) herausgerechnet werden. Die Rückflüsse betragen für das Modell Allgäu 12.500 Euro. Diese werden auf das eingesetzte Kapital (und nicht wie sonst üblich in der Investitionsrechnung das durchschnittlich gebundene Kapital) bezogen.

		Allgäu	Graubünden	
Abschreibungen (AK−RW)/n		-	-	
Zinsen (AK+RW)/2*i		-	-	
Reinigungskosten		6.000	6.000	
Betriebskosten		4.000	5.000	
Stromkosten		7.500	9.600	
Kosten gesamt		17.500	20.600	
Erlöse insgesamt		30.000	40.000	
Rückflusse		12.500	19.400	
Amortisation	(40.000)	3,2	2,32	(45.000)

$$\text{Amortisationsdauer } tA = \frac{50.000 - 10.000}{12.500} = 3,2 \text{ Jahre}$$

Dies bedeutet, dass sich die Investitionen bei dem Modell Allgäu nach 3,2 Jahren amortisieren, bei dem Modell Graubünden nach rund 2,3 Jahren, daher ist gemäß der Amortisationsrechnung das Modell Graubünden vorzuziehen, da es sich schneller amortisiert.

Für eine Beurteilung der Wirtschaftlichkeit von Investitionsobjekten ist die Amortisationsvergleichsrechnung grundsätzlich nicht geeignet, es zeigt lediglich, „wie schnell das Geld wieder reinkommt". Dabei sollte im Vorfeld eine vertretbare Amortisationszeit vom Unternehmen/Behörde festgelegt werden.

Sollte ein Investitionsprojekt durch *variable* Rückflüsse gekennzeichnet sein, so werden diese so lange addiert, bis sie den Wert des Kapitaleinsatzes erreicht haben. Annahme, die Anschaffungskosten für zwei Investitionsalternativen betragen 50.000 Euro (Nutzungsdauer 8 Jahre) und die unterschiedlichen jährlichen Rückflüsse seien durch folgende Tabelle wiedergegeben, dann amortisiert sich die Alternative A (mit Rückflüssen in Höhe von 52.000 Euro) nach 5 Jahren, die Alternative B bereits mit 53.000 Euro nach 4 Jahren. Somit wäre das Projekt B vorzuziehen, da es sich schneller amortisiert. Hier wird der „Sicherheitsaspekt" und zugleich eine Schwäche dieser Methode deutlich, denn längerfristig werden mit Alternative A höhere Rückflüsse (100.000 Euro) im Vergleich zur Alternative B (79.000 Euro) erzielt.

	Modell A		Modell B	
Rückflüsse	jährlich	kumuliert	jährlich	kumuliert
1. Jahr	10.000		14.000	
2. Jahr	12.000	22.000	16.000	30.000
3. Jahr	15.000	37.000	12.000	42.000
4. Jahr	8.000	45.000	11.000	53.000
5. Jahr	7.000	52.000	5.000	58.000
6. Jahr	11.000	63.000	9.000	67.000
7. Jahr	16.000	79.000	4.000	71.000
8. Jahr	21.000	100.000	8.000	79.000

XIV. Dynamische Verfahren

Dynamische Investitionsrechnungen werden in der Praxis sehr oft eingesetzt, insbesondere bei größeren und langjährigen Investitionsprojekten. Die dynamischen Methoden basieren auf Ein- und Auszahlungen aller Nutzungsperioden. Im Gegensatz zu den statischen Verfahren, werden kalkulatorische Zinsen und Abschreibungen nicht erfasst. Sie bedienen sich finanzmathematischer Methoden, weshalb zunächst einige finanzmathematische Begriffe dargestellt werden.

1. Finanzmathematische Begriffe

Aufzinsen

Der Endwert von Einzahlungen/Auszahlungen ist der Wert, der sich durch Aufzinsung ergibt. Es wird ermittelt, welchen Wert eine heute geleistete Zahlung am Ende der Betrachtungsperioden aufweist.

Beispiel:

Eingezahlt werden heute 1.000 Euro auf ein Sparbuch, verzinst zu 5 %. Wie hoch ist der Betrag auf dem Sparbuch nach 3 Jahren.

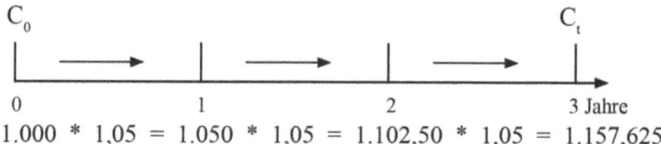

Der heutige Betrag von 1.000 Euro im Jahre 0 (C_0) ergibt bei einem Zins von 5 %, wobei die Zinsen (jeweils) am Jahresende zugeschlagen werden, nach einem Jahr Zinsen in Höhe von 50 Euro und damit ein Guthaben von 1.050 Euro. Werden diese auf dem Sparbuch gelassen, so verzinsen sich diese (annahmegemäß) wieder mit 5 %, dies entspricht 52,50 an Zinsen, so dass das Sparbuch am Ende des zweiten Jahres ein Guthaben von 1.102,50 Euro aufweist. Ein weiteres Jahr auf dem Sparbuch ergeben dann Zinsen in Höhe von 55,125 Euro, so dass das Guthaben am Ende des dritten Jahres insgesamt 1.157,625 Euro beträgt. Dieser Wert wird als Endwert C_t be-

1. Finanzmathematische Begriffe

zeichnet. Der Term $(1+i)^n$ wird als Aufzinsungsfaktor bezeichnet. Die Multiplikation des Zeitwertes mit dem Aufzinsungsfaktor ergibt den Endwert. (Der Aufzinsungsfaktor kann der Aufzinsungstabelle im Anhang entnommen werden, in diesem Beispiel unter 3 Jahre/5 % = 1,1576)

Formel: $\quad C_t = C_0 * (1+i)^n$

$1.157,625 = 1.000 * 1,05^3$

$1.157,625 \approx 1.000 * 1,1576$

Abzinsen

Ein Sparer weiß, dass er in 3 Jahren einen Betrag von 1.157,625 Euro erhält, er fragt sich, wie hoch der Gegenwartswert bzw. Barwert bei einem Zinssatz von 5 % ist?

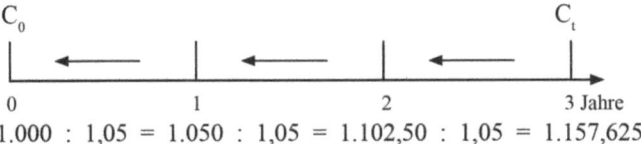

1.000 : 1,05 = 1.050 : 1,05 = 1.102,50 : 1,05 = 1.157,625

Wenn man wissen möchte, welchem Wert ein Betrag von 1.157,625 Euro am Ende des 3. Jahres auf dem Sparbuch heute entspricht, dann muss entsprechend abgezinst werden, ausgehend von 1.157,625 Euro über 3 Jahre. Es ergibt sich ein so genannter Barwert bzw. Gegenwartswert in Höhe von 1.000 Euro. Der Term $(1+i)^{-n}$ heißt Abzinsungsfaktor. Die Multiplikation des Endwertes mit dem Abzinsungsfaktor ergibt den Barwert, der auch als Gegenwartswert bezeichnet wird. (Der Abzinsungsfaktor kann der Abzinsungstabelle im Anhang entnommen werden, in diesem Beispiel unter 3 Jahre/5 % = 0,8638)

Formel: $\quad C_0 = C_t * (1+i)^{-n}$

$1.000 = 1.157,625 * 1,05^{-3}$

$1.000 = 1.157,625 * \dfrac{1}{1,05^3}$

$1.000 \approx 1.157,625 * 0,8638$

Rentenbarwert

Bei mehrmaliger Zahlung *gleich hoher* Zahlungsbeträge am Ende jeder Periode des Betrachtungszeitraumes ergibt sich der Barwert (Gegenwartswert) durch Multiplikation des Zeitwertes der einzelnen Zahlungen mit dem Barwertfaktor.

Beispiel:

Der Trainer des VfB Stuttgart hat einen 3-Jahres-Vertrag unterschrieben, der ihm jedes Jahr ein Gehalt von 1.000.000 Euro garantiert. Gleich zu Beginn des Vertragsverhältnisses gibt es Querelen zwischen ihm und dem Sportvorstand, der ihn daraufhin mit sofortiger Wirkung von seinen Aufgaben „entbindet". Wie groß ist der Ablösungswert (Barwert, Gegenwartswert) dieser Gehaltssumme bei einem Zinssatz von 5%?

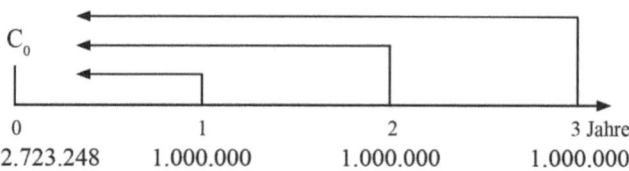

$$2.723.248 = 1.157,625 * \frac{1}{1,05} + 1.000.000 * \frac{1}{1,05^2} + 1.000.000 * \frac{1}{1,05^3}$$

$$2.723.248 = 1.000.000 * 0,9524 + 1.000.000 * 0,9070 + 1.000.000 * 0,8638$$

Der Barwert in Höhe von rd. 2,7 Mio. Euro lässt sich errechnen, indem die Jahreszahlungen einzeln abgezinst werden. Bei langen Zahlungsreihen ist dies sehr aufwendig, daher kann man sich der Rentenbarwertformel bedienen, sie lautet:

$$RBF(i,n) = \frac{(1+i)^n - 1}{(1+i)^n \cdot i} = \frac{1-(1+i)^{-n}}{i}$$

Werden die einzelnen Abzinsungsfaktoren addiert: 0,9524 + 0,9070 + 0,8638 so ergibt dies den Rentenbarwertfaktor für 5% bei 3 Jahren RBF (5%, 3 Jahre) von 2,7232, der der Rentenbarwerttabelle (im Anhang) entnommen werden kann.

$$C_0 = e * RBF(i,n)$$

$$2.723.200 = 1.000.000 * 2,7232$$

Der Barwert (Gegenwartswert) dieser 3 Jahresgehälter (e) beläuft sich auf rd. 2,7 Mio. Euro. Folglich erfolgt eine Vereinfachung, indem der Rentenbarwertfaktor mit der jährlichen Zahlung (e) multipliziert wird.

Es sei noch einmal daran erinnert, dass die Rentenbarwertformel nur dann angewendet werden kann, wenn es sich um jährlich gleich hohe Zahlungen handelt. Sollten die jährlichen Zahlungen unterschiedliche Größenordnungen annehmen, so muss jeweils „einzeln abgezinst" werden.

Annuitätenfaktor

Als Annuität wird in der Regel ein in der Höhe gleichbleibender Betrag bezeichnet. Ein Betrag soll auf die Nutzungsdauer so verteilt werden, dass die Zahlungsfolge aus Einzahlungen und Auszahlungen in eine sogenannte Annuität (gleich hohe Beträge) für die vorgesehene Laufzeit umgewandelt wird. Der Annuitätenfaktor ist der Kehrwert der Rentenbarwertformel.

$$ANF(i,n) = \frac{(1+i)^n \cdot i}{(1+i)^n - 1} = \frac{i}{1-(1+i)^{-n}}$$

Beispiel:

Sie verfügen über 10.000 Euro (C_0) bei der Bank, bei der Sie jährlich 5% Zinsen erhalten. Diesen Betrag wollen Sie sich in 3 gleichen Jahresraten am Ende eines jeden Jahres auszahlen lassen, wie hoch sind die jährlich gleichbleibenden Auszahlungen? Hierzu kann man sich des Annuitätenfaktors bedienen, der mit dem heutigen Betrag auf dem Konto (C_0) mit dem Annuitätenfaktor multipliziert wird.

$e = C_0 * ANF\ (i,n)$

$e = 10.000 * ANF\ (5\%, 3\ \text{Jahre}) = 10.000 * 0{,}3672 = 3.672$ Euro.

Wenn Sie am Anfang des 1. Jahres 10.000 Euro auf dem Konto anlegen, die sich mit 5% verzinsen, dann haben Sie am Ende des 1. Jahres einen Betrag von 10.500 Euro auf ihrem Sparbuch. Von diesen heben Sie 3.672 Euro ab, dann verbleiben am Anfang des 2. Jahres 6.828 Euro – diese werden wieder mit 5% verzinst, so dass sich am Ende des 2. Jahres ein Betrag von 7.169,40 Euro ergibt. Hiervon heben Sie wieder 3.672 Euro ab, so dass Sie am Anfang des 3. Jahres einen Betrag von 3.497,4 Euro auf dem Konto haben, der sich wieder mit 5% verzinst, so dass Sie am Ende des 3. Jahres einen Betrag von rd. 3.672 Euro haben, die sie nun schlussendlich abheben. Der Kontostand beträgt dann Null (leichte Rundungsdifferenzen). (Der Annuitätenfaktor kann der Annuitätenfaktorentabelle im Anhang entnommen werden, hier für 3 Jahre/5% = 0,3672)

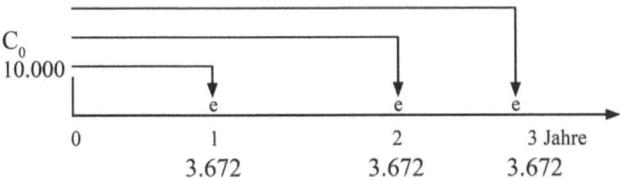

Mit solchen Annuitäten rechnen oftmals private (Renten-)Versicherungen. Die Annuität wandelt einen Betrag mittels des Annuitätenfaktors in gleichhohe Beträge (Renten) für eine bestimmte Laufzeit um. Wenn Versicherungsnehmer eine Zeit lang ansparen, dann in Rente gehen, muss kalkuliert werden, wie lange die Personen im Durchschnitt noch lebt (was anhand von Sterbetafeln berechnet wird), denn „so lange muss die Rente reichen".

Beispiel:

Ein Versicherungsnehmer hat zu Beginn seiner Rente eine Summe von 100.000 Euro angespart, laut Sterbetafel weist er eine Lebenserwartung von 20 Jahren auf. Dieser Betrag von 100.000 Euro soll in 20 jährlichen gleichhohen Raten ausgezahlt werden. Als Zinssatz sei 5 % unterstellt:

e = 100.000 * ANF (5 %, 20 Jahre) = 100.000 * 0,0802 = 8.020 Euro

Das bedeutet, dass der Versicherungsnehmer 20 Jahre lang (jeweils zum Jahresende) eine Rente in Höhe von jährlich 8.020 erhalten kann, dann ist seine ursprünglich angesparte Summe in Höhe von 100.000 Euro „aufgebraucht".

2. Kapitalwertverfahren

Das Kapitalwertverfahren zählt zu den wichtigsten Investitionsrechnungsverfahren. Es vergleicht sämtliche Ein- und Auszahlungen eines Objektes, wobei diese mit dem Kalkulationszinssatz auf den Investitionsbeginn abgezinst werden. Der Kapitalwert ist damit die Summe aller auf den Zeitpunkt der Investitionsentscheidung abgezinsten künftigen Ein- und Auszahlungen und damit die Summe aller Barwerte einer Zahlungsreihe. Dabei geht man vereinfachend davon aus, dass die Zahlungen jeweils zu identischen Zeitpunkten anfallen, in der Regel am Ende einer jeden Periode (Banken hingegen berechnen die Zinsen taggenau). Um nicht jede einzelne Zahlung innerhalb der Perioden mit dem Kalkulationszins diskontieren und auf den Entscheidungszeitpunkt beziehen zu müssen, ist es hilfreich, den Zahlungssaldo je Periode zu errechnen und für diesen den Barwert zu ermitteln. Der Investitionsbetrag (Anschaffungskosten) ist nicht abzuzinsen, da er zum Zeitpunkt t=0 anfällt.

Eine Investition lohnt sich, wenn die barwertigen Einzahlungen mindestens so hoch sind wie die barwertigen Auszahlungen. Die Differenz zwischen den barwertigen Ein- und Auszahlungen ($E_0 - A_0$) bezeichnet man als Kapitalwert C_0. Eine Investition lohnt sich, wenn C_0 größer gleich 0 ist.

Beispiel:

Ein Unternehmen investiert in eine neue Maschine, mit der Produkte hergestellt und am Markt verkauft werden und zu steigenden Einzahlungen führen, wie in der folgenden Tabelle dargestellt. Für die Produktion entstehen dem Unternehmen verschiedene Auszahlungen (für Miete, Löhne etc.), wie in der Tabelle dargestellt. Wichtig ist, dass kalkulatorische Kosten wie Abschreibungen oder kalk. Zinsen in den dynamischen Verfahren nicht enthalten sind. Die Berücksichtigung der Zinsen in den dynamischen Methoden dient dazu, die zu verschiedenen Zeitpunkten anfal-

2. Kapitalwertverfahren

lenden Zahlungen vergleichbar zu machen, sie spiegelt die subjektive Mindestverzinsung des Investors an sein Investitionsprojekt wider.

Periode	0	1	2	3	4	5	C_0
Einzahlungen		10.000	40.000	50.000	70.000	90.000	
Auszahlungen		-20.000	-25.000	-30.000	-50.000	-60.000	
Saldo	-50.000	-10.000	15.000	20.000	20.000	30.000	
Abz. 6%		0,9434	0,89	0,8396	0,7921	0,7473	
	-50.000	-9.434	13.350	16.792	15.842	22.419	8.969

Die Ein- und Auszahlungen, die jährlich sehr unterschiedlich ausfallen können, sind alle auf die Periode 0 abzuzinsen. So werden bspw. in der 3. Periode 50.000 Euro an Einzahlungen z.B. durch Verkaufserlöse erzielt. Auszahlungen stehen dem in Höhe von insgesamt 30.000 Euro gegenüber. (Es ist sinnvoll die Auszahlungen mit einem Minuszeichen zu versehen, da die Ein- und Auszahlungen saldiert werden müssen) Der Saldo beträgt 20.000 Euro (Zeitwert), der noch abzuzinsen ist. Der Abzinsungsfaktor für die 3. Periode bei einem Zinssatz von 6% beträgt 0,8396, so dass der Barwert (Gegenwartswert) 16.792 Euro beträgt. Die Barwerte können für die jeweiligen Jahre unterschiedlich hoch ausfallen, sie können auch negativ sein (wie bspw. in Periode 1). Die Summe aller Barwerte ergibt den Kapitalwert, hier 8.969 Euro. Der Kapitalwert ist positiv, d.h. das Investitionsvorhaben lohnt sich. Er zeigt, dass dieses Investitionsobjekt über sowohl die Auszahlungen als auch die erwartete Verzinsung deckt sowie einen barwertigen Gewinn in Höhe von 8.969 erbringt.

- Ein positiver Kapitalwert impliziert, dass der Investor über dieses Investitionsobjekt die erwartete Verzinsung und darüber hinaus einen barwertigen Investitionsgewinn in Höhe des Kapitalwertes erzielt – hier in Höhe von 8.969 Euro.
- Ein Kapitalwert von 0 würde bedeuten, dass die abgezinsten Einzahlungen gerade die abgezinsten Auszahlungen decken. Die erwartete Verzinsung wird gerade erreicht. Die Investition hat sich genau mit dem vorgegebenen Kapitalzins verzinst.
- Ein negativer Kapitalwert deutet darauf hin, dass die Investition unvorteilhaft ist, die abgezinsten Auszahlungen sind höher als die abgezinsten Einzahlungen. Die vom Unternehmen gewünschte Verzinsung des investierten Kapitals wird nicht erreicht. Dies bedeutet aber nicht zwangsläufig, dass das Investitionsvorhaben sehr schlecht sein muss. Sollte bspw. im Vorfeld ein sehr ambitionierter Zins von 15% gewählt worden sein und der Kapitalwert fällt nur sehr knapp negativ aus, dann würde dies bedeuten, dass zwar die 15% nicht realisiert würden, aber knapp „weniger" – was nicht zwingend schlecht sein muss.

Häufig gibt es unterschiedliche Alternativen, die es zu bewerten gilt, dabei kann es sich um zwei oder mehrere unterschiedliche Alternativen handeln, oft stehen die Alternativen „Kauf oder Leasen(mieten)" zur Auswahl.

Beispiel:

Ein Krankenhaus benötigt ein neues MRT. Als Angebot erhält es zum einen die Möglichkeit, es zu kaufen. Es kostet 1,5 Mio. Euro, zusätzlich werden in den Jahren 1–4 jeweils Wartungsarbeiten durchgeführt, die in den ersten beiden Jahren zu einem Festpreis von 20.000 Euro und dann in den beiden Jahren 3 und 4 zu je 30.000 Euro vertraglich vereinbart werden. Im 3. Jahr müssen noch einmal zusätzliche Auszahlungen für eine Erweiterung des MRT in Höhe von 70.000 Euro einkalkuliert werden. Am Ende der Nutzungsdauer, die mit 5 Jahren angesetzt wird, wird die Anlage noch verkauft zu einem voraussichtlichen Preis von 100.000 Euro. Als Zinssatz sei 5 % unterstellt.

Periode	0	1	2	3	4	5	C_0
Auszahlung	-1.500.000	-20.000	-20.000	-30.000	-30.000		
				-70.000			
Einzahlung						100.000	
Saldo	-1.500.000	-20.000	-20.000	-100.000	-30.000	100.000	
Abz. 5 %		0,9524	0,907	0,8638	0,8227	0,7835	
	-1.500.000	-19.048	-18.140	-86.380	-24.681	78.350	-1.569.899

Es wird unterstellt, dass die 1,5 Mio. Euro gleich zu Beginn bezahlt werden, weshalb diese nicht abgezinst werden. Die erste Wartungsarbeit wird am Ende des ersten Jahres abgerechnet, sie muss entsprechend mit dem Zinssatz abdiskontiert werden. Der voraussichtliche Verkaufserlös in Höhe von 100.000 Euro wird am Ende des letzten Jahres als Einzahlung verbucht und muss entsprechend abgezinst werden. Als Kapitalwert ergibt sich ein negativer Betrag in Höhe von -1.569.899 Euro.

Alternativ hat das Krankenhaus auch die Möglichkeit, die Datenverarbeitungsanlage zu leasen. Als Leasingraten werden als „Rundum-Sorglos-Paket" für das erste Jahr 300.000 Euro ausgehandelt, diese Rate erhöht sich jedes Jahr um 30.000 Euro. Weitere Auszahlungen fallen nicht an.

Periode	0	1	2	3	4	5	C_0
Auszahlung		-300.000	-330.000	-360.000	-390.000	-420.000	
Einzahlung							
Saldo	0	-300.000	-330.000	-360.000	-390.000	-420.000	
Abz. 5 %		0,9524	0,907	0,8638	0,8227	0,7835	
	0	-285.720	-299.310	-310.968	-320.853	-329.070	-1.545.921

Gleich zu Beginn fallen keine Auszahlungen an. Die erste Leasingrate fällt am Ende des 1. Jahres an. Der Zeitwert beträgt 300.000 Euro, der Barwert (Gegenwartswert) für das 1. Jahr beträgt (infolge der Abzinsung) 285.720 Euro, Der Kapitalwert beträgt hier -1.545.921 Euro. Auch hier ist zu beachten, dass im „öffentlichen Bereich (aber nicht nur dort)" oftmals negative Kapitalwerte zu verbuchen sind. Der ist aber „höher" (sprich nicht ganz so negativ) wie der Kapitalwert im Falle eines Kaufes, weshalb hier die Leasingmöglichkeit zu bevorzugen ist.

Unsicherheit – Manipulation

Die Höhe der Zahlungsströme vorherzusagen ist schwierig, die zeitliche Verteilung zu prognostizieren ist noch schwieriger, dies gilt insbesondere für sehr lange Projektlaufzeiten. Die Schätzungen für langlaufende Investitionsvorhaben sind mit erheblichen Unsicherheiten verbunden. Wie viele Besucher werden in das neue Museum kommen, wie werden sich die Kosten langfristig entwickeln? Hier gilt es, möglichst realistisch zu schätzen. Aber häufig werden aus politischen Motiven heraus versucht, bestimmte Projekte „schön zu rechnen".

Beispiel:

Eine Kommune möchte anlässlich eines Jubiläums eine kleine Ausstellung zur Stadtgeschichte durchführen. An Ausgaben für Umbauten und Einrichtungsgegenständen, die ausschließlich durch die Ausstellung bedingt sind, werden 70.000 Euro veranschlagt. Die Dauer der Ausstellung soll 5 Jahre betragen. Sie werden beauftragt eine Kalkulation nach dem Kapitalwertverfahren durchzuführen. Sie rechnen mit 2.000 Besuchern im 1. Jahr, 3.000 Besuchern im 2. Jahr, 4.000 Besuchern im 3. Jahr. Dann lässt das Interesse voraussichtlich etwas nach, Sie erwarten im 4. Jahr 3.500 Besucher und im 5. Jahr 2.500 Besucher. Die erwarteten Besucherzahlen spiegeln nur die Erwachsenen wider, Kinder haben freien Zutritt. Der Eintritt soll 7 Euro pro Erwachsenen betragen. An Auszahlungen werden jährlich 20.000 Euro taxiert für Aufsicht, Reinigung, Ausstellungsstücke etc. Im letzten Jahr fallen zusätzliche Kosten von voraussichtlich 8.000 Euro für den Abbau an. Unterstellen Sie einen Zinssatz von 8%. „Rechnet" sich die Ausstellung?

Periode	0	1	2	3	4	5	C_0
Einzahlungen	-70.000	14.000	21.000	28.000	24.500	17.500	
Auszahlungen		-15.000	-15.000	-15.000	-15.000	-15.000	
						-8.000	
Saldo	-70.000	-1.000	6.000	13.000	9.500	-5.500	
Abz. 8%		0,9259	0,8573	0,7938	0,7350	0,6806	
	-70.000	-926	5.144	10.319	6.983	-3.743	-52.224

Der Kapitalwert ist negativ, d.h. die Ausstellung „rechnet" sich nicht. Der Gemeinderat wird diesem Projekt mit den errechneten Werten wohl nicht zustimmen. Der Bürgermeister würde aber diese Ausstellung gern durchführen. Jetzt könnte noch einmal durchkalkuliert werden mit etwas optimistischeren Prognosen. Die Anzahl der erwachsenen Besucher könnte optimistischer geplant werden – pro Jahr 500 Zuschauer mehr als zunächst kalkuliert, die Eintrittspreise könnten etwas angehoben werden, von 7 Euro auf 9 Euro. Man könnte versuchen, die Kostenseite noch etwas zu optimieren, so dass die Kosten statt mit 15.000 Euro jährlich nun mit 12.000 Euro jährlich angesetzt werden. Ähnliches gilt auch für die Abbaukosten, die nun mit 7.000 Euro kalkuliert werden. Als kalkulatorischer Zins wird nun nicht mehr 8%, sondern 7% angenommen. Dies bewirkt, dass zukünftige Einzahlungsüberschüsse nicht mehr so stark abdiskontiert werden.

Periode	0	1	2	3	4	5	C_0
Einzahlungen	-60.000	22.500	31.500	40.500	36.000	27.000	
Auszahlungen		-12.000	-12.000	-12.000	-12.000	-12.000	
						-7.000	
Saldo	-60.000	10.500	19.500	28.500	24.000	8.000	
Abz. 7%		0,9346	0,8734	0,8163	0,7629	0,7130	
	-60.000	9.813	17.031	23.265	18.310	5.704	14.123

Mit diesen neuen Annahmen errechnet sich nun ein positiver Kapitalwert. Zu bedenken gilt, „wenn alle Stellschrauben auch nur etwas optimistischer kalkuliert werden ergibt sich ein beachtlicher Kumulationseffekt", der rasch zu einem positiven Ergebnis führen kann. Hier ergeben sich Bedenken. Natürlich müssen zukünftige Besucher, mögliche Einzahlungen und Auszahlungen einigermaßen realistisch geschätzt werden, was gerade über einen längeren Zeitraum recht problematisch ist. Es stellt sich die Frage, wie optimistisch geschätzt werden kann – ab wann befinden wir uns schon im Bereich der Manipulation? In den vergangenen Jahren gab es immer wieder (öffentliche) Bauprojekte, die letztlich deutlich defizitärer ausfielen als „offiziell" geplant. Dies können ganz natürliche Ursachen haben, wie z.B. unvorhergesehene Kosten, ein doch nicht so reger Zuschaueransturm wie ursprünglich erwartet (vielleicht aufgrund des Wetters) oder Folgen einer Pandemie, die nicht vorhergesehen werden können. Allerdings drängt sich in vielen Fällen der Verdacht auf, dass Projekte systematisch „schöngerechnet" werden, um in den Parlamenten (Bundestag, Landtag, Gemeinderat) und in der Öffentlichkeit Zustimmung zu erhalten. „Einmal beschlossen und angefangen kann man schlecht wieder zurück."

3. Interne Zinssatzmethode (Zinsfußmethode)

Ein positiver Kapitalwert besagt, dass das Investitionsobjekt prinzipiell lohnenswert erscheint, das Investitionsobjekt erbringt die erwartete Verzinsung und darüber hinaus einen barwertigen Investitionsgewinn in Höhe des Kapitalwertes. Wie hoch aber die konkrete Verzinsung des Investitionsprojektes ist, darüber gibt die Kapitalwertmethode keine Auskünfte. Hier setzt die interne Zinssatzmethode an. Der interne Zinssatz gibt den Zinssatz an, bei dem der Kapitalwert einer Investition gleich null ist, bei dem folglich die barwertigen Einzahlungen mit den barwertigen Auszahlungen übereinstimmen. Der Investor erhält sein eingesetztes Kapital zurück plus genau die Verzinsung in Höhe der geforderten Kapitalverzinsung. Man be-

3. Interne Zinssatzmethode (Zinsfußmethode)

zeichnet den internen Zins, den eine Investition erzielt auch als Effektivzins, Rendite oder auch interne Rendite.

Vorgehensweise zur grafischen Ermittlung

In einem Koordinatensystem, in dem auf der Abszisse der Zinssatz abgetragen und auf der Ordinate der Kapitalwert abgetragen wird, sollten mindestens 2 Kapitalwerte, ein positiver und ein negativer, mit den dazugehörigen Zinssätzen eingezeichnet werden. Diese beiden Kapitalwert/Zins-Kombinationen sind entsprechend miteinander zu verbinden. Die interne Rendite kann dann am Abszissenschnittpunkt abgelesen werden.

Beispiel:

Eine Investition weist eine Anfangsauszahlung von 20.000 Euro aus, in den folgenden Zeitpunkten ergeben sich Einzahlungen In Höhe von: 7.000 Euro im 1. Jahr, 8.000 Euro im 2. Jahr und 9.000 Euro im 3. Jahr. Mit unterschiedlichen Zinssätzen werden nun die Kapitalwerte ermittelt und anschließend in das Koordinatensystem eingetragen.

Periode	0	1	2	3	C_0
Einzahlungen		7.000	8.000	9.000	
Auszahlungen	-20.000				
Saldo	-20.000	7.000	8.000	9.000	
Abz. 6%		0,9434	0,89	0,8396	
	-20.000	6.604	7.120	7.556	1.280

Bei einem Zinssatz von 6% ergibt sich ein positiver Kapitalwert in Höhe von 1.280 Euro. Die Kapitalwerte bei unterschiedlichen Zinssätzen können der nachfolgenden Tabelle entnommen werden.

Zinssatz	Kapitalwert
6%	1.280
7%	876
8%	484
9%	105
10%	-263
11%	-620
12%	-966

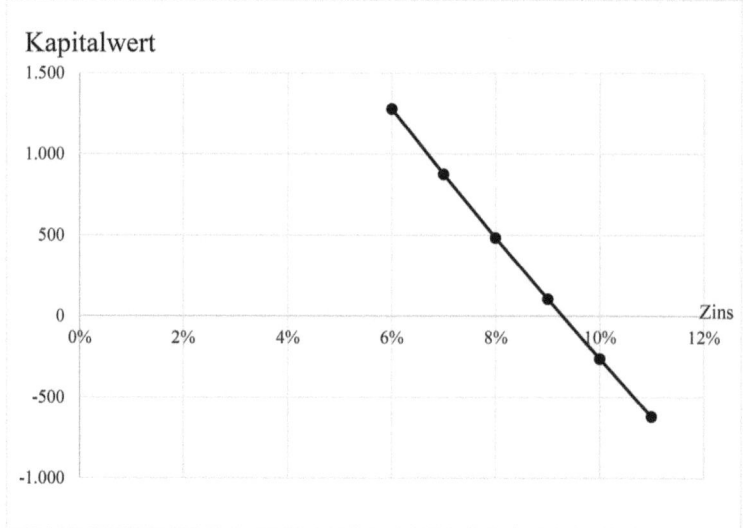

Abbildung 94: Kapitalwerte bei unterschiedlichen Zinsen

Es zeigt sich folgendes Bild. Bei einem Zinssatz von 6% (auf der Abszisse abgetragen) wird ein positiver Kapitalwert in Höhe von 1.280 Euro erzielt (abgetragen auf der Ordinate). Die abgezinsten Einzahlungen übersteigen die abgezinsten Auszahlungen und impliziert, dass der Kalkulationszinssatz in dieser Höhe von 6% mehr als erreicht wird. Je höher der Kalkulationszinssatz gewählt wird, desto geringer wird der Kapitalwert. Bei einem unterstellten Zinssatz von 8% fällt der Kapitalwert mit 484 Euro schon niedriger aus, da die zukünftigen Einzahlungsüberschüsse stärker abgezinst werden. Bei einem angestrebtem Kalkulationszinssatz von 12% ist der Kapitalwert negativ, was bedeutet, dass die angestrebte Verzinsung nicht erreicht wird. Jetzt gilt es den Übergang vom positiven in den negativen Kapitalwertebereich zu suchen – dort ist der Kapitalwert gleich Null. Der Übergangsbereich liegt zwischen 9% und 10%, d.h. die tatsächliche Verzinsung muss „irgendwo" zwischen 9% und 10% liegen.

Zur Berechnung der exakten Verzinsung kann man sich der Hilfe des Strahlensatzes bedienen, der prinzipiell besagt:

$$\frac{a}{b} = \frac{c}{d}$$

a ist die gesuchte Strecke, b repräsentiert den Kapitalwert bei einem Zins von 9% und beträgt 105, die Strecke c ist 1 (10%-9%), die Strecke d ist von (-) 263 (Kapitalwert bei einem Zins von 10%) bis 105 (Kapitalwert bei einem Zins von 9%) und beträgt folglich: 368. (Zu beachten ist hier, dass der gesamte Streckenabschnitt genommen werden muss) Dies ist auch in Abbildung 95 (nicht maßstabsgerecht zu Gunsten einer besseren Übersichtlichkeit) dargestellt. Dann ergibt sich:

$$\frac{a}{105} = \frac{1}{263 + 105} = 0,2853$$

Die Strecke a beträgt rd. 0,29, der Zins beträgt folglich $9 + 0,2853 \approx 9,29\,\%$. In Anbetracht der Ungenauigkeiten der Schätzwerte (siehe vorherigen Abschnitt) wäre es sachlich nicht gerechtfertigt, wenn man die Rendite einer kommunalen Sachinvestition mit einer Genauigkeit von Prozentbruchteilen angeben würde – bei Finanzinvestitionen, bei denen es auch auf sehr geringe Renditechancen ankommen kann, hingegen wäre das anders zu beurteilen. Zu bedenken ist, dass dies eine Näherungslösung ist, da die Werte in Abbildung 94 zeigen, dass es sich um eine leicht gekrümmte Kurve handelt.

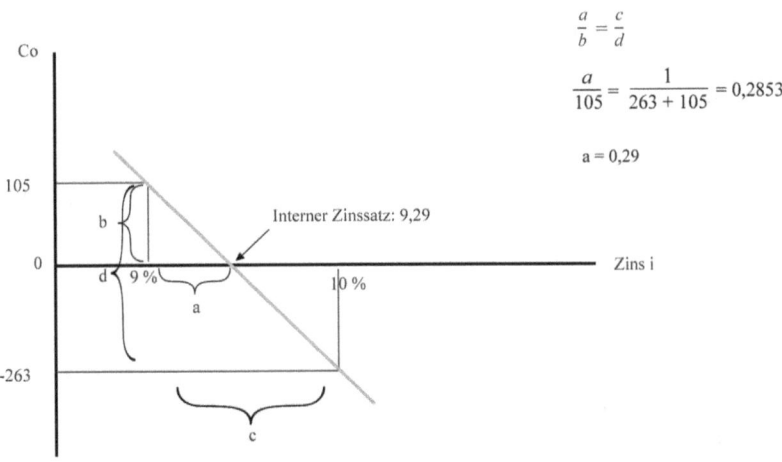

Abbildung 95: Berechnung des internen Zinssatzes (grafische Darstellung)

Rechnerisches Näherungsverfahren mit
i_1 niedriger Zinssatz, 9 %
i_2 höherer Zinssatz, 10 %
C_{01} Kapitalwert (bei dem Zinssatz i_1, 105)
C_{02} Kapitalwert (bei dem Zinssatz i_2, -263)

Die Strecken

$$\frac{a}{b} = \frac{c}{d}$$

entsprechen folgenden Abschnitten und müssen nach i' aufgelöst werden:

$$\frac{i' - i1}{0 - C01} = \frac{i2 - i1}{C02 - C01} \quad (* - C01)$$

$$i' - i1 = -C01 * \frac{i2 - i1}{C02 - C01} \quad (+i1)$$

$$i' = i1 - C01 * \frac{i2 - i1}{C02 - C01}$$

$$i' = 9 - 105 * \frac{10 - 9}{-263 - 105} \approx 9,29$$

(aufpassen da (- * -) plus ergibt).

Als Entscheidungsregel gilt für eine Einzelinvestition, dass ein Investitionsobjekt absolut vorteilhaft ist, wenn sein interner Zinssatz größer als ein vorgegebener angestrebter Kalkulationszinssatz ist, er ist relativ vorteilhaft, wenn sein interner Zinssatz größer ist als der eines anderen zur Wahl stehenden Objektes ist.

Spezialfall bei gleichbleibenden Einzahlungsüberschüsse

$$Co = (-)AK + e * RBF(t, i;)$$

AK sind die Anschaffungskosten und e die jährlichen Einzahlungsüberschüsse. Gesucht wird der Wert, bei dem $C_0 = 0$ ist, daher ist die Gleichung gleich 0 zu setzen:

$$0 = (-)AK + e * RBF(t, i;)$$

Daraus folgt:

$$RBF(t, i;) = \frac{AK}{e}$$

Aus der Rentenbarwerttabelle ist der Zinssatz i* zu suchen, der dem errechneten Quotienten am nächsten kommt.

Beispiel:

Eine Investition besteht aus einer Anfangsauszahlung in Höhe von 5.000 Euro. Jedes Jahr – über eine Zeitspanne von 3 Jahren – werden jährliche Einzahlungsüberschüsse in Höhe von jeweils 2.000 Euro erwartet, dann ist AK: 5.000 Euro und e: 2.000 Euro.

$$RBF(t, i;) = \frac{5.000}{2.000} = 2,5$$

In der Rentenwerttabelle sind unter der Periode von 3 Jahren die entsprechenden Werte durchzugehen, in diesem Fall liegt der Wert von 2,5 zwischen 9 % und 10 %. Für eine erste Analyse ist dies ausreichend.

4. Annuitätenmethode

Gegenprobe:

Periode	0	1	2	3	C_0
Einzahlung		2.000	2.000	2.000	
Auszahlung	-5.000				
Saldo		2.000	2.000	2.000	
Abz. 9%		0,9174	0,8417	0,7722	
	-5.000	1.834,8	1.683,4	1.544,4	63
Abz. 10%		0,9091	0,8264	0,7513	
	-5.000	1.818	1.653	1.503	-26

Bei einem Zinssatz von 9% ergibt sich mit 63 Euro ein geringfügig positiver Kapitalwert, bei Zugrundelegung von 10% ergibt sich mit -26 ein geringfügig negativer Kapitalwert. Der interne Zinssatz liegt zwischen 9% und 10%.

4. Annuitätenmethode

Die Annuitätenmethode ist sehr eng mit der Kapitalwertmethode verwandt. Während die Kapitalwertmethode den Totalerfolg aufzeigt, bezieht sich die Annuitätenmethode auf den Periodenerfolg, indem sie die durchschnittlichen jährlichen Einzahlungen den durchschnittlichen jährlichen Auszahlungen gegenüberstellt. Zunächst ist der Kapitalwert eines Investitionsprojektes zu errechnen.

Beispiel:

Ein Investitionsobjekt mit einer Nutzungsdauer von 3 Jahren hat einen Anschaffungswert von 60.000 Euro. Es werden Überschüsse erwirtschaftet in Höhe von 25.000 Euro im 1. Jahr, 30.000 Euro im 2. Jahr und 35.000 Euro im 3. Jahr. Als Zinssatz sei 7% unterstellt.

Periode	0	1	2	3	C_0
Einzahlungen		30.000	38.000	45.000	
Auszahlungen	-60.000	-5.000	-8.000	-10.000	
Saldo	-60.000	25.000	30.000	35.000	
Abz. 7%		0,9346	0,8734	0,8163	
	-60.000	23.365	26.202	28.571	18.138

Der Kapitalwert beträgt 18.138 Euro, damit handelt es sich um ein lohnenswertes Projekt. Der Kapitalwert gibt den gesamten Erfolg (Totalerfolg) des Investitionsprojektes an. Berechnet man die Annuität, so muss man den Kapitalwert mit dem Annuitätenfaktor (hier für 3 Jahre/7% = 0,3811) multiplizieren:

$$e = C_0 * ANF\ (i,n)$$
$$6.912{,}39 = 18.138 * 0{,}3811$$

Das Investitionsprojekt führt zu einer positiven Annuität (also zu jährlichen Überschüssen) in Höhe von rd. 6.912 Euro pro Jahr. Hier zeigt sich der Leitgedanke dieser Methode, indem alle mit einem Investitionsobjekt verbundenen Zahlungen gleichmäßig auf die Nutzungsjahre verteilt werden. Die Annuitätenmethode periodisiert den Erfolg eines Investitionsobjektes. Sie ist eine in der Praxis aber eher seltener angewandte Methode, die Kapitalwertmethode wird deutlich öfter verwendet.

XV. Nutzen-Untersuchungen

1. Kosten-Nutzen-Analyse

Der Grundgedanke von Kosten-Nutzenanalysen besteht darin, die wesentlichen Auswirkungen staatlicher Maßnahmen zu verfolgen und einer gesamtwirtschaftlichen Analyse zu unterziehen. Insbesondere große Investitionsprojekt entfalten ihre Wirkung nicht nur intern, es entstehen auch so genannte externe Effekte (Auswirkungen auf „andere", die nicht direkt in diesem Projekt involviert sind). Zur Beurteilung einer Investition sollen folglich sämtliche positive und negative Wirkungen erfasst werden, unabhängig davon, wo sie entstehen. Die internen Ein- und Auszahlungen wie auch die externen Auswirkungen auf die Gesellschaft sollen erfasst, in Geldeinheiten bewertet und auf einen gemeinsamen Zeitpunkt abdiskontiert werden. Die rechnerische Gesamtüberstellung und Saldierung der Kosten und Nutzen wird in der Regel mit Hilfe der Kapitalwertmethode durchgeführt.

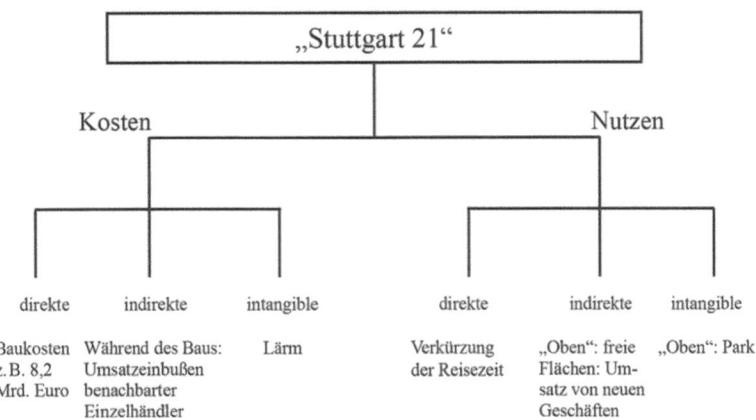

Abbildung 96: Kosten-Nutzen-Analyse „Stuttgart 21"

Bezüglich der gesamtwirtschaftlichen Auswirkungen werden direkte und indirekte tangible sowie intangible Kosten und Nutzen unterschieden. Direkte Kosten sind Ausgaben die dem Entscheidungsträger infolge der Investition entstehen (staatliche Ausgaben). Beim Bau von „Stuttgart 21" werden ca. 8,2 Mrd. Euro für das ganze Projekt veranschlagt. Die direkten Nutzen bestehen in der den Investitionen unmittelbar zuzurechnenden Vorteile, in diesem Fall in Form von Reisezeitverkürzungen und dem dadurch erhofften höheren Passagieraufkommen mit den damit verbundenen Mehreinnahmen für die Bahn. Indirekte Kosten und Nutzen fallen nicht für den Investor, sondern für andere Personen/Institutionen an, die nur mittelbar betroffen sind. Indirekte Kosten sind monetär erfasste Nachteile, welche bei Durchführung einer Maßnahme bei privaten Haushalten oder Unternehmen anfallen. Während des langjährigen Baus entstehen den Geschäften im Bahnhofsgebäude erhebliche Umsatzeinbußen. Indirekte Nutzen sind monetär bewertete Vorteile für mittelbar Betroffene. Da der Bahnhof unterirdisch verlegt wird, entstehen „oben" auf den freiwerdenden Flächen in der attraktiven Innenstadtlage neue Geschäfte mit hohen Umsatzerwartungen. Intangible Nutzen und Kosten sind solche Auswirkungen, die nur schwer oder gar nicht monetär zu bewerten sind. Oftmals können diese nur qualitativ beschrieben werden. Während der langjährigen Bauphase entstehen Lärm und Schmutz, die die Anwohner ertragen müssen. Diese intangiblen Kosten lassen sich nur schwer monetär bewerten, weshalb sie in einer Gesamtanalyse zumindest beschrieben werden sollten. Es gibt Versuche diese intangiblen Kosten in Euro zu bewerten, so könnte bspw. die während der Bauphase möglichen negativen Entwicklungen bezüglich der Mietpreise angrenzender Wohnungen herangezogen werden. Indirekte Nutzen lassen sich ebenfalls nicht/nur schwer quantifizieren. Sollte „oben" ein Teil der freiwerdenden Fläche für einen schönen Park verwendet werden, der zukünftig zum Verweilen einlädt, so impliziert dies einen Nutzen für die Stuttgarter Einwohner.

Beispiel:

Der SC Freiburg erhält im Westen der Stadt ein neues Stadion. Damit die Zuschauer das Stadion von der A5 kommend schneller erreichen können, wird der Bau einer neuen Zufahrtsstraße, die eine neue Brücke erfordert, überlegt. Durch diese neue Straße könnten die erwarteten 6.000 Autos, die für das Heimspiel aus nördlicher Richtung kommend erwartet werden, sowohl bei der Hinfahrt 10 Minuten als auch bei der Rückfahrt 10 Minuten Zeit sparen. Es wird angenommen, dass in jedem Auto durchschnittlich 2 Fans sitzen. Es wird ferner unterstellt, dass die Brücke voraussichtlich 30 Jahre funktionstüchtig sein wird. Lohnt sich aus volkswirtschaftlicher Sicht ein solcher Bau, wenn die Investitionskosten der Brücke 11 Mio. Euro und die jährlichen Wartungskosten 200.000 Euro betragen werden? Der Nutzen des Zeitgewinns wird mit durchschnittlich 22 Euro je Stunde pro Person angegeben. Als Zinssatz sei unterstellt: 6%. In Freiburg geht man davon aus, dass 20 Heimspiele stattfinden wird: 17 Ligaspiele und 3 Pokalspiele.

Zunächst wird der Nutzen in monetären Einheiten (Euro) ermittelt. Die Methode selbst ist unstrittig, aber bezüglich der Monetarisierung des Nutzens stellt sich die Frage, welcher Betrag anzusetzen ist. Hier nimmt man in der Regel einen durchschnittlichen Stundenlohn – aber auch dies ist nicht ganz unproblematisch, da es „unterschiedliche Stundenlöhne gibt". Der Zeitgewinn multipliziert mit dem Stundenlohn ergibt den volkswirtschaftlichen Nutzen.

6.000 Autos * 2 Fans je Auto = 12.000 Fans

20 Minuten Zeitersparnis je Fan (Hin- und Rückfahrt) * 12.000 Fans = 240.000 Minuten = 4.000 Stunden Zeitersparnis * bewertet mit 22 Euro je Stunde = 88.000 Euro Nutzenvorteil je Spiel * 20 Spiele = 1.760.000 Euro volkswirtschaftlicher Zeitvorteil je Saison, was wie „Einzahlungen" interpretiert werden kann.

Jährliche Wartung: 200.000 Euro (Kosten)

Jährlicher Nettonutzen: 1.760.000 (Nutzen) − 200.000 (Kosten) = 1.560.000

Kosten: einmalig für den Bau der Brücke: 11.000.000

Der Kapitalwert lässt sich über die Rentenbarwertformel errechnen.

$C_0 = -AK + (e-a) * RBF(n,i)$

$C_0 = -11.000.000 + (1.760.000 - 200.000) * RBF\ 13{,}7648\ (30\ Jahre;\ 6\%)$

$C_0 = -11.000.000 + 21.473.088$

$C_0 = 10.473.088$

Aus diesem Projekt resultiert ein positiver Kapitalwert, folglich handelt es sich um ein lohnendes Projekt. Zu bedenken gilt aber, dass der Neubau des Stadions nicht einhellig begrüßt wird, so haben mehrere Anwohner gegen das neue Stadion des SC Freiburg geklagt.

2. Nutzwertanalyse

Die Vorteilhaftigkeit von Investitionen zu messen ist oft nicht einfach, insbesondere dann, wenn heterogene Zielsetzungen berücksichtigt werden sollen. Eine Quantifizierung aller Bewertungskriterien ist dann oftmals nicht möglich. In solchen Fällen können Nutzwerte eingesetzt werden. Es wird der Nutzwert eines jeden alternativen Investitionsobjektes ermittelt, worunter der zahlenmäßige Ausdruck für den subjektiven Wert einer Investition hinsichtlich des Erreichens vorgegebener Ziele verstanden wird. Auf eine monetäre Bewertung wird verzichtet. Die Nutzwerte für die alternativen Investitionsobjekte ermöglicht es dann, die Investitionsobjekte in eine Rangordnung zu bringen. Je höher die Nutzwerte für eine Alternative, desto besser wird diese insgesamt bewertet. Im Gegensatz zur Kosten-Nutzenanalyse beschränkt sich die Beurteilung auf die projektspezifische Ebene, externe Effekte (die bei der Kosten-Nutzenanalyse eingeflossen sind) bleiben außer Betracht.

Das Vorgehen soll (im Wesentlichen) anhand eines Beispiel Autokaufs dargestellt werden:

1. Zielanalyse:

Es soll ein Gebrauchtwagen angeschafft werden.

2. Erfassung relevanter Nebenbedingungen:

Als eine der wesentlichen Nebenbedingungen gilt das Budget, welches zur Verfügung steh. Ferner könnte überlegt werden, ob das Auto „familientauglich" sein soll. Gelegentlich könnten auch technische Aspekte eine Rolle spielen, falls bspw. ein Allrad-Antrieb im Allgäu geeignet erscheint.

3. Vorauswahl:

In der Regel verschafft man sich zunächst einen Marktüberblick, z. B. im Internet und/oder bei Kfz-Händlern, so dass man zu einer gewissen Vorauswahl gelangt. (hier werden annahmegemäß 4 Autos in die engere Wahl gezogen)

4. Bewertungskriterien:

In der Regel stellt man einige Bewertungskriterien auf, diese können wirtschaftlicher Art sein, z. B. die Anschaffungskosten, Spritverbrauch, Versicherungskosten etc. Diese können zusätzlich auch technischer Art sein, z. B. Antriebstechnik, Leistung wie PS, bei Transportern z. B. das Ladevolumen. Auch können sie rechtlicher Art sein: wie Umweltvorschriften die einzuhalten sind (z. B. Dieselfahrverbot). Bei anderen Investitionsarten könnten z. B. weitere Umweltschutzauflagen zu beachten sein, oder Bauvorschriften, Lizenzen, Patente. Auch soziale Aspekte könnten berücksichtigt werden (z. B. Berücksichtigung im Rahmen des Lieferkettengesetzes, Kinderarbeit etc.).

5. Operationalisierbarkeit:

Die Bewertungskriterien sollten möglichst operationabel formuliert werden. Das Ziel allgemein zu beschreiben: „Kauf eines schönen Autos" – ist wenig hilfreich. Die Bewertungskriterien sollten möglichst genau beschrieben werden und messbar sein. Die Objekteigenschaften sollten zudem unterschiedlich sein, es sollte darauf geachtet werden, dass sich mehrere Bewertungskriterien nicht direkt oder indirekt auf ähnliche Objekteigenschaften beziehen, denn dann würde die Gefahr einer einseitigen Beurteilung bestehen, z. B. wenn die PS-Zahl, Höchst-Geschwindigkeit und Beschleunigung von 0 auf 100 km/h ausgewählt werden sollten. Diese weisen eine hohe Korrelation auf und würden zu einer eher einseitigen Auswahl führen. Die genannten Kriterien wären dann nicht nutzenunabhängig.

6. Bewertungsmaßstäbe:

Die Nutzen können mit Hilfe einer nominalen, ordinalen und kardinalen Skalierung gemessen werden. Nominale Skalierung liegt dann vor, wenn die möglichen Ausprägungen zwar unterschieden werden können, aber keine natürliche Rangfolge aufgestellt werden kann. Es ist eine einfache Form der Nutzenmessung, z. B. hat das Auto ein Navi oder nicht, hat es einen Allrad-Antrieb oder nicht?

Die Ordinalskalierung ist etwas anspruchsvoller, mit ihrer Hilfe lässt sich die Richtung von Nutzenunterschieden erkennen, nicht aber der „Abstand". Bei der Ordinalskala geht es darum, eine Reihenfolge bzw. Rangfolge festzustellen. Ein weißes Auto wäre mir lieber als ein blaues, das wiederum lieber als ein rotes.

Kardinale Skalierung: Hierbei sind zusätzlich zu Größenvergleichen die Differenzen (Abstände) aus intervallskalierten Merkmalen messbar, da hier die Abstände

2. Nutzwertanalyse

zwischen den einzelnen Merkmalsausprägungen exakt definiert sind. Richtung und Abstand sind gut messbar, z. B. km/h oder kW (PS).

Beispiel:

Es soll ein Auto erworben werden. Nach allgemeinen Beratungen bezüglich der wichtigsten Kriterien und durch Einholung diverser Informationen durch Internet und Besuchen bei Kfz-Händlern kommen 4 Modelle in die engere Auswahl.

Kriterien	Modell 1	Modell 2	Modell 3	Modell 4
Leistung	70 kW	85 kW	100 kW	120 kW
Geschwindigkeit	180 km/h	175 km/h	190 km/h	185 km/h
Preis	28.000 Euro	32.000 Euro	45.000 Euro	38.000 Euro
Verbrauch	7 l	11 l	9 l	10 l
Alter	6 Jahre	4 Jahre	3 Jahre	5 Jahre

Es werden einige Kriterien überlegt, die wichtig sind beim Autokauf, diese können individuell durchaus unterschiedlich sein. Jedem Kriterium werden dann Punkte zugeordnet. Das Kriterium, was vom jeweiligen Auto am besten erfüllt wird, erhält die höchste Punktzahl, in diesem Beispiel 4, das Kriterium, welches vom jeweiligen Auto am schlechtesten erfüllt wird, erhält 1 Punkt. Bezüglich der Höchstgeschwindigkeit z. B. erhält das Modell 3 mit 4 Punkten die höchste Punktzahl, da es die höchste Geschwindigkeit aufweist, das Modell 4 erhält 3 Punkte, das Modell 1 erhält 2 Punkte und das Modell 2, was die geringste Höchstgeschwindigkeit aufweist, erhält 1 Punkt. Ähnlich verfährt man auch bei den anderen Kriterien, wobei die Punkte nach „gängigen Einschätzungen" zugeordnet werden, die höchste Leistung, die höchste Geschwindigkeit, der geringste Preis, der geringste Verbrauch auf 100 km und das jüngste Modell erhalten jeweils die höchsten Punkte. Anschließend werden die Summen gebildet. Modell 3 weist mit 15 Punkten die höchste Punktzahl auf und nimmt nach dem Rangsummenverfahren folglich in der Rangfolge den ersten Platz ein. Der Vorteil dieses Verfahrens besteht darin, dass sehr unterschiedliche und auch individuelle Kriterien in diese Methodik einfließen können.

Rangsummenverfahren

	Modell 1	Modell 2	Modell 3	Modell 4
Leistung	1	2	3	4
Geschwindigkeit	2	1	4	3
Preis	4	3	1	2
Verbrauch	4	1	3	2
Alter	1	3	4	2
Summe	12	10	15	13
Rangfolge	3	4	1	2

Nutzwertverfahren

Als Nachteil des Rangsummenverfahrens wird genannt, dass jedes Kriterium mit gleichem Gewicht in die Beurteilung einfließt. Im Nutzwertverfahren wird eine Gewichtung der Kriterien vorgenommen, diese sind naturgemäß subjektiv, so können „sportliche" Autofahrer die Kriterien anders gewichten als bspw. „naturverbundene" Autofahrer. Jede Person kann ihre eigene Gewichtung vornehmen, das Nutzwertverfahren zwingt aber zur Offenlegung der Gewichtung, über die man in einer Gruppe (Familie) durchaus diskutieren kann. Als opportun erweist sich, eine Normierung der einzelnen Gewichte zu 1 oder 100% vorzunehmen. Dies zwingt in der Regel zu einer intensiveren Auseinandersetzung über die jeweilige Gewichtung.

		Modell 1		Modell 2		Modell 3		Modell 4	
Leistung	10%	1	0,1	2	0,2	3	0,3	4	0,4
Geschw.	20%	2	0,4	1	0,2	4	0,8	3	0,6
Preis	30%	4	1,2	3	0,9	1	0,3	2	0,6
Verbrauch	25%	4	1,0	1	0,25	3	0,75	2	0,5
Alter	15%	1	0,15	3	0,45	4	0,6	2	0,3
Summe	100%		2,85		2,00		2,75		2,4
			1		4		2		3

In diesem Beispiel werden die Leistung (subjektiv) mit 10% gewichtet, die Höchstgeschwindigkeit mit 20%, der Preis mit 30%, der Verbrauch mit 25% und das Alter mit 15% – wobei natürlich auch andere Gewichtungen vorgenommen werden können. Die Punktzahlen werden aus dem Rangfolgeverfahren übernommen. So hat das Modell 1 bezüglich der Leistung mit 70 kW die geringste Leistung und bekommt nur 1 Punkt. Dieser wird mit 10% gewichtet, so dass der Teilnutzwert 0,1 beträgt. In der Summe erzielt Modell 1 mit 2,85 den höchsten Nutzwert. Durch die Gewichtung kann es zu einer anderen Reihenfolge als im Rangsummenverfahren kommen.

XVI. Problembereiche öffentlicher Investitionen

Staatliche Großprojekte werden oftmals deutlich teurer und dazu noch viel später in Betrieb genommen als ursprünglich geplant. Hierbei kommen häufig Kosten-Nutzenanalysen zur Anwendung, die – auch für Verkehrsexperten – sehr undurchsichtig sind. Oftmals werden Kosten tendenziell systematisch unterschätzt, der wirtschaftliche Nutzen hingegen überschätzt. Im Schnitt liegen die Kosten rund 40 Prozent über den Erwartungen. Schuld an Kostenexplosionen sind nicht nur äußere Umstände, sondern oft die handelnden Akteure. Politiker und Manager wollen sich mit Prestigeprojekten schmücken und setzen die Kosten gerne niedrig an, um Wähler und Aktionäre nicht zu vergraulen. Diese Fehler werden auch als strategische Fehler bezeichnet. Bauunternehmen wiederum stellen in der Ausschreibung Kosten und Bauzeit so niedrig wie möglich dar, um den Zuschlag zu erhalten. Diese Verhaltensweisen fördern nachträgliche Kostensteigerungen.

1. „Stuttgart 21"

Das Bahnprojekt „Stuttgart 21" steht seit Jahren in der Kritik. Im Jahr 1985 wurde der Plan für eine bessere Bahnverbindung zwischen Stuttgart und Ulm als Vorhaben des vordringlichen Bedarfs in den Bundesverkehrswegeplan aufgenommen. Kernstück des Projektes ist der Umbau des Stuttgarter Hauptbahnhofes, der von einem Kopfbahnhof zu einem unterirdischen Durchgangsbahnhof umgebaut wird. In einer Machbarkeitsstudie aus dem Jahr 1995 wurden die Kosten mit rund 2,45 Mrd. Euro angegeben. Als im Jahr 2009 die konkrete Planung des Bauvorschlages begann, wurden Kosten in Höhe von 4,5 Mrd. Euro für das Bahnprojekt kalkuliert. Im Jahr 2013 räumte die Deutsche Bahn (DB AG) ein, dass der Finanzierungsrahmen auf 6,5 Mrd. Euro erhöht werden müsse. In 2018 erhöhte die DB AG diesen auf 8,2 Mrd. Euro. Die Anschläge wurden somit wiederholt deutlich angehoben. Als Gründe werden Preissteigerungen für Baumaterialien genannt, ferner Planungsmängel, insbesondere gibt es diverse Verzögerungen im Planungsverfahren für den Tiefbahnhof, auch Mehrkosten für den Artenschutz ziehen den Planungszeitraum zusätzlich in die Länge. Mit etwa 15 Millionen für den Schutz von Eidechsen und Juchtenkäfern sind diese Aufwendungen, gemessen an den gesamten Kosten, aber relativ gering. Nach Einschätzung des Bundesrechnungshofes ist aufgrund des bisherigen Projektverlaufs und der überhitzten Marktpreissituation zu befürchten, dass die vielen Risiken den Finanzbedarf noch weiter erhöhen und die Inbetriebnahme verzögern werden. Der Bundesrechnungshof kritisiert das Bundesverkehrsministerium, dass es seine Kontrollaufgaben vernachlässigen würde. Es kontrolliere nicht ausreichend dahingehend, dass die Gesamtfinanzierung des Projektes und die Qualität der Baumaßnahmen gesichert seien, weshalb es aufgefordert werde, seine Überwachungs- und Steuerungsmöglichkeiten konsequenter auszuüben. Während Projektbefürworter umfangreiche Möglichkeiten der Stadtentwicklung infolge der Tieferlegung des Bahnhofs sehen und die Verkürzung der Reisezeit hervorheben, kritisieren Gegner des Projektes gerade die hohen und weiter steigenden Baukosten. Die Tunnelkosten – die neuen Bahnstrecken von Stuttgart 21 verlaufen zu einem Großteil unterirdisch – seien viel zu niedrig kalkuliert worden. Die besonderen bautechnischen Aufwendungen, die sich aus den geologischen Bedingungen ergeben, stellen mit den damit verbundenen technischen und finanziellen Unwägbarkeiten einen Schwerpunkt in der Diskussion um Stuttgart 21 dar. Allerdings sind Kostensteigerungen nicht immer adäquat vorherzusehen, dies gilt insbesondere bei sehr langwierigen Bauvorhaben. Einige Umstände sind kaum beeinflussbar, schwer kalkulierbare Risiken geologischer Art, schwierige Witterungsbedingungen, Preissteigerungen für Rohstoffe, zunehmende Bürgersensibilitäten und ein steigendes Umweltbewusstsein verbunden mit Protesten und Klagen können die Projektdauer deutlich verlängern und die Kosten in die Höhe treiben. Bemängelt werden, wie bei Großprojekten allgemein, Eingriffe in Umwelt, Grundwasser und Denkmäler. Auch wird die mögliche unzureichende Leistungsfähigkeit des neuen Bahnhofs moniert, da die Anzahl der Gleise verringert wird. Mit dem Geld für Stuttgart 21, so die Kritiker, hätten besser andere (regionale) Bahnprojekte finanziert werden können.

2. „Berliner Flughafen BER"

Der Bau des Berliner Flughafens Berlin Brandenburg gilt als Sinnbild eines Desasters was staatliche Groß-Investitionsprojekte betrifft. Der Bau begann im September 2006, die Inbetriebnahme war für November 2011 geplant. Der Eröffnungstermin wurde sieben Mal verschoben, schließlich konnte der Flughafen im Oktober 2020 eröffnet werden, die dann auch noch in die Zeiten der Covid-Pandemie fiel, als das Passagieraufkommen weltweit drastisch sank und zusätzliche Belastungen für die Flughäfen verursachte. In einer ersten Kalkulation wurden im Jahr 1995 Kosten in Höhe von 1,1 Milliarden D-Mark prognostiziert, letztlich beliefen sich die Kosten auf etwas über 7 Mrd. Euro. Zunächst wurde ein Generalunternehmer-Konzept favorisiert, letztlich wurde das Investitionsvorhaben aber auf mehrere „Baulose" (Unterteilung eines Bauwerkes in mehrere Abschnitte) aufgeteilt und ausgeschrieben, die dann von der Flughafengesellschaft koordiniert werden sollten. Die Koordination erfolgte aber nur ungenügend. Da die Kapazitäten sukzessive immer höher angesetzt wurden, gab es vielfältige Planänderungen mit neuen Genehmigungsverfahren, die zu weiteren erheblichen Verzögerungen führten. Einige Monate vor der ursprünglich geplanten Inbetriebnahme zeigte die Brandmeldeanlage erhebliche Mängel, so dass die Inbetriebnahme zum ersten Mal verschoben werden musste. Im Folgenden gab es noch weitere gravierende Probleme, so z. B. mit der Gepäckabfertigung, mit den automatischen Türen, ferner gab es diverse IT-Probleme, die zu weiteren Verzögerungen führten. Mangelhafte Bauüberwachungen, ein mangelhaftes Krisenmanagement verursacht durch unzureichend qualifizierte und fachfremde Politiker, sowie – wie häufig – eine unzureichende Budgetplanung und Mängel bei den Ausschreibungen und Genehmigungsverfahren haben zu den steigenden Kosten und zu der längeren Bauzeit beigetragen. Als besonders gravierend wurde das Fehlen eines Generalunternehmers bemängelt, denn die Verantwortungen wurden „hin und hergeschoben". Letztlich wurde auch hier, wie bei „Stuttgart 21" moniert, dass die Bauaufsicht und etwaige Kontrollmaßnahmen nur ungenügend wahrgenommen wurden.

3. „Elbphilharmonie in Hamburg"

Die Elbphilharmonie in Hamburg war aufgrund seiner Kostenentwicklung lange Zeit umstritten. Fertiggestellt gilt sie seither als eines der „Wahrzeichen und Zuschauermagneten" der Stadt Hamburg. Die Fertigstellung der Elbphilharmonie war zunächst für 2010 geplant, wurde im Laufe der Entwicklung jedoch mehrfach verschoben, unter anderem bedingt durch einen anderthalbjährigen Baustopp. Im Jahr 2016 wurde das Gebäude schließlich fertiggestellt. Die erste Kostenschätzung für den Prestigebau in Hamburg belief sich auf 77 Millionen Euro. Das Konzerthaus ist dann mit rund 866 Mio. Euro mehr als elfmal so teuer geworden wie ursprünglich geplant. Die Projektentwicklung war über die gesamte Dauer gekennzeichnet von erheblichen Kostensteigerungen und zeitlichen Verzögerungen. Kritisiert wurden die aus Sicht der Öffentlichkeit intransparenten Verhandlungen zwischen den Beteiligten, insbesondere zwischen der Stadt und dem Baukonzern Hochtief, der zudem wiederholt auf statische Probleme während der Bauphase hinwies. Kritisiert wurde auch die zunächst zu geringe Kostenveranschlagung. Für Insider war es wohl offensichtlich, dass sich ein solches Investitionsvorhaben für den ursprünglichen Kostenvoranschlag nicht hätte bauen lassen können. Wie bei vielen Bauprojekten wurden auch hier Planungsfehler kritisiert, insbesondere galt die Kritik der Vertragsstruktur des Bauvertrags, das Fehlen eines abgestimmten Terminplans, den verfrühten Ausschreibungen und der unzureichenden personellen Ausstattung der städtischen Projektgesellschaft.

4. Empfehlungen des Steuerzahlerbundes

Die Beispiele zeigen, dass Politik und Verwaltung häufig nicht über ausreichende Sachkompetenz verfügen, um komplexe Groß-Bauprojekte durchzuführen. Planungsfehler sind eine häufige Ursache. Der Steuerzahlerbund, der viele große Investitionsprojekte untersuchte, weist darauf hin, dass es wichtig sei, am Anfang mehr in die Projektvorbereitung zu investieren, auch wenn dies die Planungskosten erhöht. Zudem müssen die daraus resultierenden Vergaben der Bauleistungen enger mit der Bauausführung abgestimmt werden. Es erscheint sinnvoll, Bauunternehmen bereits in der Planungsphase mit zu beteiligen. Somit können Streitigkeiten zwischen Bauherren, Planern und Bauausführenden vermieden werden. Abweichungen vom Planbudget müssen besser überwacht werden. Eine bessere, begleitende Kontrolle sei notwendig, um mögliche Gegenmaßnahmen rechtzeitig einleiten zu können. Zudem sollten auch die Folgekosten in Form von Betriebskosten berücksichtigt werden. Dies gilt nicht nur für Großprojekte. Hallenbäder, Freibäder oder auch Museen belasten die Gemeindefinanzen von kleinen Kommunen nicht nur in der Bauphase, sondern induzieren erhebliche Unterhaltungskosten, die später getragen werden müssen.

Anhang: Finanzmathematische Tabellen

Aufzinsungstabelle

Jahr	4%	5%	6%	7%	8%	9%	10%	12%	15%	20%
1	1,0400	1,0500	1,0600	1,0700	1,0800	1,0900	1,1000	1,1200	1,1500	1,2000
2	1,0816	1,1025	1,1236	1,1449	1,1664	1,1881	1,2100	1,2544	1,3225	1,4400
3	1,1249	1,1576	1,1910	1,2250	1,2597	1,2950	1,3310	1,4049	1,5209	1,7280
4	1,1699	1,2155	1,2625	1,3108	1,3605	1,4116	1,4641	1,5735	1,7490	2,0736
5	1,2167	1,2763	1,3382	1,4026	1,4693	1,5386	1,6105	1,7623	2,0114	2,4883
6	1,2653	1,3401	1,4185	1,5007	1,5869	1,6771	1,7716	1,9738	2,3131	2,9860
7	1,3159	1,4071	1,5036	1,6058	1,7138	1,8280	1,9487	2,2107	2,6600	3,5832
8	1,3686	1,4775	1,5938	1,7182	1,8509	1,9926	2,1436	2,4760	3,0590	4,2998
9	1,3233	1,5513	1,6895	1,8385	1,9990	2,1719	2,3579	2,7731	3,5179	5,1598
10	1,4802	1,6289	1,7908	1,9672	2,1589	2,3674	2,5937	3,1058	4,0456	6,1917
11	1,5395	1,7103	1,8983	2,1049	2,3316	2,5804	2,8531	3,4785	4,6524	7,4301
12	1,6010	1,7959	2,0122	2,2522	2,5182	2,8127	3,1384	3,8960	5,3503	8,9161
13	1,6651	1,8856	2,1329	2,4098	2,7196	3,0658	3,4523	4,3635	6,1528	10,6993
14	1,7317	1,9799	2,2609	2,5785	2,9372	3,3417	3,7975	4,8871	7,0757	12,8392
15	1,8009	2,0789	2,3966	2,7590	3,1722	3,6425	4,1772	5,4736	8,1371	15,4070
16	1,8730	2,1829	2,5404	2,9522	3,4259	3,9703	4,5950	6,1304	9,3576	18,4884
17	1,9479	2,2920	2,6928	3,1588	3,7000	4,3276	5,0545	6,8660	10,7613	22,1861
18	2,0258	2,4066	2,8543	3,3799	3,9960	4,7171	5,5599	7,6900	12,3755	26,6233
19	2,1068	2,5270	3,0256	3,6165	4,3157	5,1417	6,1159	8,6128	14,2318	31,9480
20	2,1911	2,6533	3,2071	3,8697	4,6610	5,6044	6,7275	9,6463	16,3665	38,3376
30	3,2434	4,3219	5,7435	7,6123	10,0627	13,2677	17,4494	29,9599	66,2118	
40	4,8010	7,0400	10,2857	14,9745	21,7245	31,4094	45,2593	93,0510		
50	7,1067	11,4674	18,4202	29,4570	46,9016	74,3575				

Anhang: Finanzmathematische Tabellen

Abzinsungstabelle

Jahr	4%	5%	6%	7%	8%	9%	10%	12%	15%	20%
1	0,9615	0,9524	0,9434	0,9346	0,9259	0,9174	0,9091	0,8929	0,8696	0,8333
2	0,9246	0,9070	0,8900	0,8734	0,8573	0,8417	0,8264	0,7972	0,7561	0,6944
3	0,8890	0,8638	0,8396	0,8163	0,7938	0,7722	0,7513	0,7118	0,6575	0,5787
4	0,8548	0,8227	0,7921	0,7629	0,7350	0,7084	0,6830	0,6355	0,5718	0,4823
5	0,8219	0,7835	0,7473	0,7130	0,6806	0,6499	0,6209	0,5674	0,4972	0,4019
6	0,7903	0,7462	0,7050	0,6663	0,6302	0,5963	0,5645	0,5066	0,4323	0,3349
7	0,7599	0,7107	0,6651	0,6227	0,5835	0,5470	0,5132	0,4523	0,3759	0,2791
8	0,7307	0,6768	0,6274	0,5820	0,5403	0,5019	0,4665	0,4039	0,3269	0,2326
9	0,7026	0,6446	0,5919	0,5439	0,5002	0,4604	0,4241	0,3606	0,2843	0,1938
10	0,6756	0,6139	0,5584	0,5083	0,4632	0,4224	0,3855	0,3220	0,2472	0,1615
11	0,6496	0,5847	0,5268	0,4751	0,4289	0,3875	0,3505	0,2875	0,2149	0,1346
12	0,6246	0,5568	0,4970	0,4440	0,3971	0,3555	0,3186	0,2567	0,1869	0,1122
13	0,6006	0,5303	0,4688	0,4150	0,3677	0,3262	0,2897	0,2292	0,1625	0,0935
14	0,5775	0,5051	0,4423	0,3878	0,3405	0,2992	0,2633	0,2046	0,1413	0,0779
15	0,5553	0,4810	0,4173	0,3624	0,3152	0,2745	0,2394	0,1827	0,1229	0,0649
16	0,5339	0,4581	0,3936	0,3387	0,2919	0,2519	0,2176	0,1631	0,1069	0,0541
17	0,5134	0,4363	0,3714	0,3166	0,2703	0,2311	0,1978	0,1456	0,0929	0,0451
18	0,4936	0,4155	0,3503	0,2959	0,2502	0,2120	0,1799	0,1300	0,0808	0,0376
19	0,4746	0,3957	0,3305	0,2765	0,2317	0,1945	0,1635	0,1161	0,0703	0,0313
20	0,4564	0,3769	0,3118	0,2584	0,2145	0,1784	0,1486	0,1037	0,0611	0,0261
30	0,3083	0,2314	0,1741	0,1314	0,0994	0,0754	0,0573	0,0334	0,0151	0,0042
40	0,2083	0,1420	0,0972	0,0668	0,0460	0,0318	0,0221	0,0107	0,0037	0,0007
50	0,1407	0,0872	0,0543	0,0339	0,0213	0,0134	0,0084	0,0035	0,0009	0,0001

Anhang: Finanzmathematische Tabellen 159

Rentenbarwertfaktoren

Jahr	4%	5%	6%	7%	8%	9%	10%	12%	15%	20%
1	0,9615	0,9524	0,9434	0,9346	0,9259	0,9174	0,9091	0,8929	0,8696	0,8333
2	1,8861	1,8594	1,8334	1,8080	1,7833	1,7591	1,7355	1,6901	1,6257	1,5278
3	2,7751	2,7232	2,6730	2,6243	2,5771	2,5313	2,4869	2,4018	2,2832	2,1065
4	3,6299	3,5460	3,4651	3,3872	3,3121	3,2397	3,1699	3,0373	2,8550	2,5887
5	4,4518	4,3295	4,2124	4,1002	3,9927	3,8897	3,7908	3,6048	3,3522	2,9906
6	5,2421	5,0757	4,9173	4,7665	4,6229	4,4859	4,3553	4,1114	3,7845	3,3255
7	6,0021	5,7864	5,5824	5,3893	5,2064	5,0330	4,8684	4,5638	4,1604	3,6046
8	6,7327	6,4632	6,2098	5,9713	5,7466	5,5348	5,3349	4,9676	4,4873	3,8372
9	7,4353	7,1078	6,8017	6,5152	6,2469	5,9952	5,7590	5,3282	4,7716	4,0310
10	8,1109	7,7217	7,3601	7,0236	6,7101	6,4177	6,1446	5,6502	5,0188	4,1925
11	8,7605	8,3064	7,8869	7,4987	7,1390	6,8052	6,4951	5,9377	5,2337	4,3271
12	9,3851	8,8633	8,3838	7,9427	7,5361	7,1607	6,8137	6,1944	5,4206	4,4392
13	9,9856	9,3936	8,8527	8,3577	7,9038	7,4869	7,1034	6,4235	5,5831	4,5327
14	10,5631	9,8986	9,2950	8,7455	8,2442	7,7862	7,3667	6,6282	5,7245	4,6106
15	11,1184	10,3797	9,7122	9,1079	8,5595	8,0607	7,6061	6,8109	5,8474	4,6755
16	11,6523	10,8378	10,1059	9,4466	8,8514	8,3126	7,8237	6,9740	5,9542	4,7296
17	12,1657	11,2741	10,4773	9,7632	9,1216	8,5436	8,0216	7,1196	6,0472	4,7746
18	12,6593	11,6896	10,8276	10,0591	9,3719	8,7556	8,2014	7,2497	6,1280	4,8122
19	13,1339	12,0853	11,1581	10,3356	9,6036	8,9501	8,3649	7,3658	6,1982	4,8435
20	13,5903	12,4622	11,4699	10,5940	9,8181	9,1285	8,5136	7,4694	6,2593	4,8696
30	17,2920	15,3725	13,7648	12,4090	11,2578	10,2737	9,4269	8,0552	6,5660	4,9789
40	19,7928	17,1591	15,0463	13,3317	11,9246	10,7574	9,7791	8,2438	6,6418	4,9966
50	21,4822	18,2559	15,7619	13,8007	12,2335	10,9617	9,9148	8,3045	6,6605	4,9995

Annuitätenfaktoren

Jahr	4%	5%	6%	7%	8%	9%	10%	12%	15%	20%
1	1,0400	1,0500	1,0600	1,0700	1,0800	1,0900	1,1000	1,1200	1,1500	1,2000
2	0,5302	0,5378	0,5454	0,5531	0,5608	0,5685	0,5762	0,5917	0,6151	0,6545
3	0,3603	0,3672	0,3741	0,3811	0,3880	0,3951	0,4021	0,4163	0,4380	0,4747
4	0,2755	0,2820	0,2886	0,2952	0,3019	0,3087	0,3155	0,3292	0,3503	0,3863
5	0,2246	0,2310	0,2374	0,2439	0,2505	0,2571	0,2638	0,2774	0,2983	0,3344
6	0,1908	0,1970	0,2034	0,2098	0,2163	0,2229	0,2296	0,2432	0,2642	0,3007
7	0,1666	0,1728	0,1791	0,1856	0,1921	0,1987	0,2054	0,2191	0,2404	0,2774
8	0,1485	0,1547	0,1610	0,1675	0,1740	0,1807	0,1874	0,2013	0,2229	0,2606
9	0,1345	0,1407	0,1470	0,1535	0,1601	0,1668	0,1736	0,1877	0,2096	0,2481
10	0,1233	0,1295	0,1359	0,1424	0,1490	0,1558	0,1627	0,1770	0,1993	0,2385
11	0,1141	0,1204	0,1268	0,1334	0,1401	0,1469	0,1540	0,1684	0,1911	0,2311
12	0,1066	0,1128	0,1193	0,1259	0,1327	0,1397	0,1468	0,1614	0,1845	0,2253
13	0,1001	0,1065	0,1130	0,1197	0,1265	0,1336	0,1408	0,1557	0,1791	0,2206
14	0,0947	0,1010	0,1076	0,1143	0,1213	0,1284	0,1357	0,1509	0,1747	0,2169
15	0,0899	0,0963	0,1030	0,1098	0,1168	0,1241	0,1315	0,1468	0,1710	0,2139
16	0,0858	0,0923	0,0990	0,1059	0,1130	0,1203	0,1278	0,1434	0,1679	0,2114
17	0,0822	0,0887	0,0954	0,1024	0,1096	0,1170	0,1247	0,1405	0,1654	0,2094
18	0,0790	0,0855	0,0924	0,0994	0,1067	0,1142	0,1219	0,1379	0,1632	0,2078
19	0,0761	0,0827	0,0896	0,0968	0,1041	0,1117	0,1195	0,1358	0,1613	0,2065
20	0,0736	0,0802	0,0872	0,0944	0,1019	0,1095	0,1175	0,1339	0,1598	0,2054
30	0,0578	0,0651	0,0726	0,0806	0,0888	0,0973	0,1061	0,1241	0,1523	0,2008
40	0,0505	0,0583	0,0665	0,0750	0,0839	0,0930	0,1023	0,1213	0,1506	0,2001
50	0,0466	0,0548	0,0634	0,0725	0,0817	0,0912	0,1009	0,1204	0,1501	0,2000

Literatur

Teil A

Greiner/Bräuning: Stand und Perspektiven der öffentlichen BWL, Berlin 2000

Eichhorn: Öffentliche Betriebswirtschaftslehre, Beiträge zur ÖBWL und öffentlichen Unternehmungen, 4. Auflage, 2004

Hansmann: Management und Controlling in der Ministerialverwaltung, Sternenfels 2004

Hieber: Strategisches Controlling in der Kommunalverwaltung, Heft 5/2001, S. 257–282, in: Meurer/Stephan, Rechnungswesen und Controlling: in der öffentlichen Verwaltung, Freiburg 1999 ff.

Hieber: Strategisches Controlling in der Öffentlichen Verwaltung, Mut zu Reformen, S. 149–164, in: Maier, W./Hopp, H.; Ziegler, E (Hrsg.): Mut zur Veränderung, Festschrift für Jost Goller, Stuttgart 2005

Hieber/Bähr: Kostenrechnung für die öffentliche Verwaltung, Sternenfels 2002

Hopp: Management in der öffentlichen Verwaltung, 5. Aufl., Stuttgart 2020

Lammers: Public Management, 8. Aufl., Heidelberg 2018

Kaplan/Norton: Balanced Scorecard, Stuttgart 1997

Meurer/Stephan (Hrsg.): Rechnungswesen und Controlling in der öffentlichen Verwaltung, Freiburg 1999 ff.

Rau: Betriebswirtschaftslehre für Städte und Gemeinden, 2. Aufl., München 2007

Ritz/Thorn: Public Management, 6. Aufl., Heidelberg 2020

Schauer, R.: Öffentliche Betriebswirtschaftslehre – Public Management, München 2020

Schmidt: Betriebswirtschaftslehre und Verwaltungsmanagement, 7., neu bearb. und erw. Aufl., Heidelberg 2009

Soulas de Russel/Gomez: Grundsätze des Wirtschaftens, Sternenfels 2009

Straub: Einführung in die Allgemeine BWL, 3. Auflage, München 2020

Wehe/Döring: Einführung in die Allgemeine Betriebswirtschaftslehre, 27., aktualisierte Aufl., München 2020

Teil B

Däumler/Grabe/Meinzer: Investitionsrechnung verstehen, Grundlagen und praktische Anwendung mit Online-Training, Einführung in die Unternehmensbewertung, 14. Auflage 2019

Olfert: Investition, Kompendium der praktischen Betriebswirtschaft, 14. Auflage 2019

Kruschwitz/Lorenz: Investitionsrechnung, 15. Auflage 2019

Sachverzeichnis

Absatz 87 ff.
Allokation 20
Amortisationsrechnung 120 f.
Anlagevermögen 97 f.
Annuitätenmethode 145 f.
Arbeitslosenstruktur 34 f.
Aufwand 105

Balanced Scorecard 63 ff.
Betriebliche Leistungsprozesse 70 ff.
Betriebstypologie 41 ff.
Benchmarking 58 ff.
Beschaffung 71 ff.
Bestellmenge 72
BHO 72
BWL, VWL 19 ff.
Bilanz 105 f.
Break-Even-Point 77 ff.

Ceteris-Paribus-Klausel 80
Controlling 60 ff.
Cum-grano-salis 24

Deckungsgrad 78
Dynamische Verfahren 132 ff.

Eigenkapital 93 ff.
Erträge 103
Einnahmen 105

Fixe-Kosten 66
Fremdfinanzierung 97 ff.
Führung 52 ff.

Gewinn-und-Verlustrechnung 105
Gewinnvergleichsrechnung 125

Innenfinanzierung 100
Interne Zinssatzmethode 140 ff.

Jahresabschluss 104
Just-in-time 49

Kameralismus 103
Kapitalwertverfahren 136 ff.
Kostenvergleichsrechnung 115 ff.
Kosten-Nutzen-Untersuchungen 147 ff.

Lean-Management 54 f.
Liquidität 98
LHO 33

Maximalprinzip 33
Minimalprinzip 33

Neues Steuerungsmodell 58 ff.
Non-Profit-Organisationen 19
Nutzwertmethode 149 ff.

Outcome 27

Public-Private-Partnership 101
Public Management 55
Produktivität 29

Rechnungswesen 93 ff.
Rentabilität 29
Return on Investment 31

Selbstfinanzierung 81
Statistische Verfahren 115 ff.

Taylorismus 55 ff.

Wertschöpfungsrechnung 71 ff.

Printed by Libri Plureos GmbH
in Hamburg, Germany